Sinopses JURÍDICAS

VOLUME 26

TUTELA DE INTERESSES DIFUSOS E COLETIVOS

www.editorasaraiva.com.br/direito

Visite nossa página

MARCUS VINICIUS RIOS GONÇALVES

Juiz de Direito. Mestre em Direito Civil pela PUC-SP.
Professor no Damásio Educacional.

TUTELA DE INTERESSES DIFUSOS E COLETIVOS

VOLUME 26

12ª edição
2ª tiragem
2018

saraiva jur

ISBN 978-85-472-0610-9 obra completa
ISBN 978-85-472-2983-2 volume 26

DADOS INTERNACIONAIS DE CATALOGAÇÃO NA PUBLICAÇÃO (CIP)
ANGÉLICA ILACQUA CRB-8/7057

Gonçalves, Marcus Vinicius Rios

Tutela de interesses difusos e coletivos / Marcus Vinicius Rios Gonçalves. – 12. ed. – São Paulo : Saraiva Educação, 2018. (Coleção sinopses jurídicas ; v. 26)

1. Ação coletiva - Brasil 2. Ação civil - Brasil 3. Ação pública - Brasil 4. Interesses coletivos (Direito) 5. Interesses difusos (Direito) 6. Processo civil – Brasil I. Título II. Série

17-1886 CDU 343(81)

Índices para catálogo sistemático:

1. Brasil : Interesses difusos e coletivos :
Tutela : Processo civil 347.922.33 (81)
2. Brasil : Tutela de interesses difusos e coletivos :
Processo civil 347.922.33 (81)

SOMOS EDUCAÇÃO | saraiva jur

Av. das Nações Unidas, 7.221, 1º andar, Setor B
Pinheiros – São Paulo – SP – CEP 05425-902

SAC **0800-0117875**
De 2ª a 6ª, das 8h às 18h
www.editorasaraiva.com.br/contato

Vice-presidente Claudio Lensing
Diretora editorial Flávia Alves Bravin

Conselho editorial
Consultor acadêmico Murilo Angeli Dias dos Santos

Gerência
Planejamento e novos projetos Renata Pascual Müller
Editorial Roberto Navarro

Edição Liana Ganiko Brito Catenacci
Patricia Quero

Produção editorial Maria Izabel B. B. Bressan (coord.)
Carolina Massanhi

Arte e digital Mônica Landi (coord.)
Claudirene de Moura Santos Silva
Guilherme H. M. Salvador
Tiago Dela Rosa
Verônica Pivisan Reis

Planejamento e processos Clarissa Boraschi Maria (coord.)
Juliana Bojczuk Fermino
Kelli Priscila Pinto
Marília Cordeiro

Fernando Penteado
Tatiana dos Santos Romão

Novos projetos Laura Paraíso Buldrini Filogônio

Projeto gráfico Mônica Landi
Diagramação Setup Bureau
Revisão Lílian Moreira

Comunicação e MKT Carolina Bastos
Elaine Cristina da Silva

Capa IDÉE arte e comunicação
Produção gráfica Marli Rampim
Impressão e acabamento Bartira

Data de fechamento da edição: 30-1-2018

Dúvidas? Acesse www.editorasaraiva.com.br/direito

CL 604729 CAE 624927

Índice

Nota do autor

Esta nova edição, tal como a anterior, está inteiramente adaptada ao Novo Código de Processo Civil, Lei n. 13.105, de 16 de março de 2015, que entrou em vigor em março de 2016, após uma *vacatio legis* de um ano. Embora o tema da tutela dos interesses difusos e coletivos não seja tratado especificamente no CPC, mas em legislação específica, em especial na Lei da Ação Civil Pública e no Código de Defesa do Consumidor, além de outras leis esparsas, é inegável a repercussão da nova lei. A sua aplicação é subsidiária, e é o CPC que formula as regras gerais, relativas aos institutos fundamentais do processo, ao procedimento e aos atos processuais, que se aplicam, quando não forem incompatíveis, à legislação especial. O período de *vacatio legis* foi útil, permitindo que se pudesse refletir sobre a nova legislação, seus novos institutos e as soluções jurídicas por ela apresentadas. Procurou-se, mais do que apenas indicar as alterações dos dispositivos legais, conciliar o exame da tutela dos interesses coletivos *lato sensu* ao espírito da nova legislação. Além do CPC, durante o ano de 2015 foi aprovada a Lei n. 13.146/2015, destinada à proteção da pessoa deficiente, que também repercute sobre o tema do nosso estudo. E em 23 de junho de 2016 foi editada a Lei n. 13.300, que regulamentou o mandado de injunção, razão pela qual, desde a edição anterior, foi acrescentado um capítulo específico sobre o mandado de injunção coletivo. As atualizações foram feitas sem prejudicar o cuidado com aquilo que há de específico e peculiar na legislação que regulamenta o tema de nosso interesse.

Com isso, pretende-se que o leitor tenha um panorama atualizado e moderno da tutela dos interesses difusos e coletivos no Brasil, à luz da legislação específica e do novo Código de Processo Civil.

Título I
INTERESSES TRANSINDIVIDUAIS

Capítulo I
DA EFETIVIDADE DO PROCESSO

A sociedade passou por profundas transformações nos últimos anos. A realidade socioeconômica modificou-se com rapidez, e o século XX assistiu ao desenvolvimento incessante das economias de massa. Os sistemas de produção desenvolveram-se, com repercussão evidente na oferta de bens, para a satisfação das necessidades humanas. O individualismo do século XIX cedeu lugar à massificação em velocidade acelerada.

Essa evolução não foi acompanhada, com igual celeridade, pelo instrumental jurídico, que, desenvolvido em período anterior, não estava preparado para solucionar as situações inéditas que a vida em sociedade colocava.

Esse descompasso se tornou cada vez mais evidente e, em especial, a partir da década de 1970, desencadeou um movimento de busca pela efetividade do processo.

Constatou-se que o manancial jurídico disponível não mais abarcava todos os interesses da coletividade. A clássica distinção entre o público e o privado também não era suficiente para abranger o espectro de interesses que a sociedade moderna manifestava. Os mecanismos tradicionais de acesso à justiça não eram bastantes para assegurar a defesa de todos os tipos de interesses que se manifestavam, em face da nova realidade socioeconômica. Isso obrigou não apenas à criação de novos institutos de direito material e processual, mas também a uma mudança de mentalidade em que o individual deve ceder ao coletivo.

A herança do Direito Romano distinguia interesses públicos de privados. Em certa época, isso foi suficiente para expressar toda a gama de interesses da coletividade. Mas não nos tempos modernos.

Constatada a existência daqueles que não podiam ser classificados propriamente nem como uma coisa nem como outra, e que muitas vezes não pertenciam a uma pessoa ou a um grupo determinado, foram criados mecanismos eficazes de proteção e acesso à justiça, com atribuição de legitimidade a entes determinados para a sua defesa. Cumpre examinar, de forma mais detida, a questão dos interesses e das várias categorias em que eles se manifestam.

Capítulo II

DOS INTERESSES

1 INTRODUÇÃO

A noção de interesse é fundamental para o processo civil. Isoladamente, a palavra pode assumir diversos significados, jurídicos ou não. Em linguagem comum, traduz quase sempre a ideia de utilidade, vantagem, proveito ou lucro.

Para o direito, o interesse manifesta-se na busca intencional de satisfação de uma necessidade, por meio de bens ou vantagens que sejam proveitosas para o fim almejado.

Há muito se percebeu que o interesse pode refletir vantagem de apenas uma pessoa, de um grupo de pessoas ou de uma coletividade. Em sentido amplo, pode ser, pois, individual ou coletivo.

A clássica distinção entre interesse público e privado já não é suficiente, por duas causas:

1) A expressão "interesse público" é usada em diferentes acepções, que podem provocar certa confusão se não forem bem definidas. Há, pelo menos, três significados distintos:

a) Pode referir-se ao interesse do Estado, dos entes públicos, em contraposição ao do particular. Nesse sentido, confunde-se com o interesse do ente público.

b) Pode indicar o interesse da sociedade, da coletividade como um todo, confundindo-se de certa maneira com a ideia de bem comum. Em princípio, o interesse do Estado deveria coincidir com o da sociedade, na busca do bem comum, mas, como se sabe, nem sempre é assim.

c) Pode significar certo interesse que, embora diga respeito a um particular, refere-se a valores ou direitos cuja proteção interessa à coletividade como um todo, de modo a confundir-se com os interesses indisponíveis. De forma abreviada, pode-se dizer que a equivocidade da expressão "interesse público" deriva de que ora ela é usada para referir-se ao titular, ora à espécie de interesse em jogo.

2) As duas categorias – interesse público e privado – não são suficientes para expressar com precisão toda a gama e variedade de interesses que podem surgir em uma sociedade de massas.

Há certos interesses que não pertencem a uma única pessoa, mas a um grupo ou a uma coletividade que podem ou não ser determinados ou determináveis. O titular de um interesse nem sempre pode ser identificado, ou porque este pertence a toda a comunidade ou porque pertence a uma coletividade indeterminável.

Há interesses que não são públicos, na medida em que não pertencem ao Estado e aos seus entes, mas também não podem ser considerados privados, porque pertencem a todo um grupo ou categoria de pessoas.

A sociedade contemporânea exige a identificação e a proteção de uma nova categoria de interesses, os coletivos em sentido amplo, que serão tratados no capítulo seguinte. Para designá-los, utilizam-se as expressões "interesses transindividuais" ou "interesses metaindividuais".

2 DOS INTERESSES TRANSINDIVIDUAIS

Também chamados interesses coletivos, em sentido amplo, consistem em uma nova categoria que não se enquadra nem como interesse público nem como privado. Não é público porque não tem como titular o Estado, nem se confunde com o bem comum; e não é privado porque não pertence a uma pessoa, isoladamente, mas a um grupo, classe ou categoria de pessoas.

São exemplos de interesses transindividuais os compartilhados por todas as vítimas de um produto nocivo que foi posto no mercado; ou pelos contratantes de um consórcio ou de determinada instituição financeira; ou ainda por todos aqueles que possam estar sujeitos aos efeitos perniciosos de certo poluente que tenha sido lançado na atmosfera.

O interesse transindividual se caracteriza por pertencer a um grupo, categoria ou classe de pessoas que tenham entre si um vínculo, seja de natureza jurídica, seja de natureza fática.

O ordenamento jurídico, a partir de um determinado momento, admitiu a existência dessa nova categoria de interesses e criou mecanismos próprios para a sua defesa em juízo. Isso exigiu grandes inovações, porque o processo civil tradicional lidava apenas com as categorias clássicas de interesse individual e público.

Sempre se considerou necessário que o direito subjetivo estivesse associado a um titular determinado ou ao menos determinável, visto que isso impedia a defesa judicial daqueles que pertenciam a uma coletividade ou a um grupo indeterminado ou indeterminável.

Percebeu-se que era preciso facilitar a defesa dos interesses transindividuais, atribuindo-a a determinados entes. Sem isso, cada interessado individual teria de buscar sozinho os seus direitos, o que implicaria grandes dificuldades de acesso à justiça e uma proliferação de demandas similares, fundadas na mesma situação fática ou jurídica, com prejuízo do bom andamento dos processos e grave risco de decisões conflitantes.

Determinados interesses estavam de tal forma pulverizados entre os integrantes da coletividade que seus titulares não se sentiriam estimulados a ir a juízo individualmente. Mas, se agrupados, seria de grande relevância defendê-los. É célebre a comparação entre esse processo de agrupamento e o fenômeno físico da molecularização: os átomos, individualmente considerados, não são bastantes para compor as substâncias que interessam às pessoas; no entanto, quando agrupados, formam moléculas cada vez mais complexas que adquirem grande importância. Os interesses divididos entre o grupo, a categoria ou a classe estão de tal maneira fracionados que não se destacam; contudo, podem tornar-se relevantes se forem agrupados.

A permissão para que determinados entes pudessem ir a juízo na defesa de interesses que não lhes pertenciam diretamente, mas a todo um grupo, classe ou categoria de pessoas, trouxe graves dificuldades relacionadas à questão da legitimidade. O processo civil tradicional conhecia apenas a ordinária e a extraordinária, e surgiu grande controvérsia quanto aos entes legitimados para a defesa dos interesses transindividuais.

Foi necessário inovar o tema da coisa julgada, que, historicamente, sempre atingiu apenas aqueles que haviam participado do processo julgado pelo mérito. Nas ações coletivas, a coisa julgada passou a estender-se *erga omnes* e *ultra partes*, atingindo não apenas aqueles que participaram da ação, mas todos os que se encontram na situação jurídica ou fática que vincula o grupo, classe ou categoria de pessoas titulares do direito coletivo. Além disso, grandes inovações foram adotadas nos processos de liquidação e execução de direitos coletivos.

O que caracteriza os interesses transindividuais é o fato de não se enquadrarem nas categorias tradicionais de interesse público e privado; de pertencerem a um grupo, categoria ou classe de pessoas que mantêm entre si um vínculo jurídico ou fático; e de poderem ser objeto de tutela coletiva, atribuída a determinados entes, com peculiaridades inerentes a essa forma de acesso à justiça.

Esses interesses coletivos em sentido amplo podem ser classificados em três grupos, conforme o seu objeto, a sua origem e a possibilidade ou não de identificar os seus titulares. A lei menciona os interesses difusos, os coletivos (em sentido estrito) e os individuais homogêneos, cumprindo examinar cada um deles em separado.

2.1. INTERESSES DIFUSOS

De acordo com o art. 81, parágrafo único, da Lei n. 8.078/90, interesses ou direitos difusos são os transindividuais, de natureza indivisível, de que sejam titulares pessoas indeterminadas e ligadas por circunstâncias de fato.

São três as suas características fundamentais: a indivisibilidade do objeto; a indeterminabilidade do sujeito; e a ligação deles por um vínculo fático, e não jurídico.

A lei utilizou os termos "interesse" e "direito" como sinônimos. Para que se possa compreender quando haverá interesse difuso, tome-se um exemplo: determinada empresa faz divulgar por grande rede de televisão propaganda enganosa que pode induzir em erro os consumidores que a assistam. O interesse em retirar do ar essa publicidade pode ser qualificado como difuso.

Observe-se que é indivisível porque ou a propaganda é mantida, e toda a coletividade estará exposta aos seus efeitos deletérios, ou é tirada do ar, e toda a coletividade ficará livre do perigo – ou o risco afeta todos ou não afeta ninguém. Não há como afastar o risco para alguns dos possíveis expostos à propaganda sem beneficiar todos os demais; nem como expor um sem prejudicar os outros.

Além disso, os sujeitos são indeterminados e indetermináveis. Os titulares do direito são todas as pessoas da coletividade que poderiam, podem ou poderão entrar em contato com a publicidade enganosa enquanto ela permanecer no ar. Não é possível identificar individualmente aqueles que estão expostos.

O vínculo entre os titulares do direito difuso decorre de uma relação fática, e não jurídica. Há aqui uma sutileza que deve ser considerada: a proibição da publicidade enganosa decorre de lei, havendo dispositivo expresso a respeito no Código de Defesa do Consumidor. O interesse difuso dos consumidores de que a propaganda seja tirada do ar tem um fundamento jurídico. Mas não há uma relação jurídica comum que os una ao responsável pela propaganda enganosa, e sim apenas o fato de estarem potencialmente expostos à publicidade, visto que não há nenhum vínculo jurídico entre eles e o fornecedor responsável pela propaganda em análise.

Imagine outro exemplo no qual uma fábrica emita poluentes, colocando em risco a saúde dos habitantes de uma determinada região. O interesse discutido é indivisível porque não há como proteger apenas uma das pessoas expostas ao perigo sem preservar as demais. Se for determinado o fechamento da fábrica ou a implantação de dispositivos de purificação do ar, todos serão beneficiados.

Não é possível identificar os titulares do direito. Dir-se-ia que são apenas os moradores da região, mas serão também titulares os possíveis visitantes, as pessoas que passarem por lá, aquelas que moram longe, mas podem ser atingidas pela poluição em dias de vento forte. E o vínculo comum entre todos os titulares é a potencial exposição aos efeitos nocivos do poluente. Trata-se, pois, de vínculo fático, e não jurídico.

Haverá interesse difuso apenas daqueles que, expostos ao perigo, correm um risco. Se, em virtude da poluição, um grupo determinado de pessoas adoecer e sofrer danos verificáveis, o seu interesse não será mais difuso, mas individual homogêneo.

Isso demonstra que uma atividade pode violar mais de uma espécie de interesse. Por exemplo, se determinado fornecedor divulga pela televisão um produto farmacêutico que não contém o princípio ativo indicado e que pode causar danos ao consumidor, haverá interesse difuso (indivisível e entre pessoas não identificadas) de todos os consumidores potenciais expostos à propaganda, mas haverá interesse individual homogêneo daqueles que, tendo adquirido o produto, sofreram danos.

2.2. INTERESSES COLETIVOS

A expressão "interesses coletivos" é equívoca porque designa ao mesmo tempo o gênero e uma das espécies. Pode ser usada como sinônimo de interesse transindividual e para indicar uma das espécies desse interesse. Para diferenciá-los, costuma-se chamar o primeiro de interesse coletivo em sentido amplo, e o segundo, em sentido estrito.

O art. 81, parágrafo único, II, do Código de Defesa do Consumidor conceitua interesses coletivos como os "transindividuais de natureza indivisível de que seja titular grupo, categoria ou classe de pessoas ligadas entre si ou com a parte contrária por uma relação jurídica base". O que os caracteriza é que são indivisíveis e envolvem pessoas determinadas ou determináveis, ligadas entre si ou com a parte contrária por meio de uma relação jurídica base.

Imagine o interesse dos consorciados de ver declarada uma cláusula abusiva, inserida no contrato de adesão pela empresa de consórcios. Cada um deles, individualmente considerado, teria a faculdade de ajuizar ação própria para discutir a cláusula. Mas há o interesse coletivo dos consorciados, que a lei considera indivisível. Ao fazê-lo, ela estabelece uma distinção entre o interesse coletivo e a soma de cada interesse individual dos consorciados, tal como os átomos, individualmente considerados, que não têm as mesmas características da molécula que resulta da sua união.

Os interesses coletivos são defendidos de forma indivisível. Não é possível que a ação correspondente beneficie um dos titulares sem beneficiar os demais. Por isso a lei estabelece a coisa julgada *ultra partes*. A decisão judicial ou beneficia todos os que se encontram na situação jurídica base, ou não beneficia ninguém. Trata-se de situação muito diferente da que ocorreria se, em vez de proposta a ação coletiva, fossem propostas inúmeras ações individuais que versassem sobre a cláusula impugnada. Nesse caso não haveria indivisibilidade, sendo possível que o Judiciário acolhesse algumas e não outras.

O que distingue o interesse coletivo do difuso é que este tem como titulares pessoas indetermináveis e aquele, pessoas que são determináveis em função da relação jurídica base. É o caso dos signatários de um contrato com empresa de consórcio cujas cláusulas são abusivas. Nesse exemplo, o interesse é coletivo, uma vez que as pessoas são determináveis e todas elas têm em comum um vínculo não apenas fático com a parte contrária (a empresa de consórcio), mas também jurídico, que decorre de elas terem firmado o contrato.

Se um dos legitimados para a ação coletiva ingressar em juízo com demanda para que o juiz determine a nulidade dessas cláusulas nos contratos já firmados, haverá a proteção de interesses coletivos, no que concerne a todas aquelas pessoas determináveis que o assinaram. Mas se o legitimado ainda postular que o juiz condene o réu a abster-se de, nos contratos futuros, inserir cláusulas semelhantes, haverá a defesa de interesses difusos porque os futuros contratantes não podem ser determinados desde logo e porque a relação que os une não será jurídica (eles ainda não assinaram o contrato), mas fática, por estarem expostos à possibilidade de, no futuro, virem a firmá-lo.

2.3. INTERESSES INDIVIDUAIS HOMOGÊNEOS

São conceituados no art. 81, parágrafo único, III, do Código de Defesa do Consumidor como aqueles que decorrem de uma origem comum. Caracterizam-se por serem divisíveis, terem por titular pessoas determinadas ou determináveis e uma origem comum, de natureza fática. Diferem dos interesses difusos porque têm sujeitos determinados ou determináveis, e seu objeto é divisível. Por exemplo, as vítimas de acidentes ocasionados por defeito de fabricação de um automóvel, posto no mercado de consumo.

Nessa hipótese, os potenciais adquirentes dos veículos são indeterminados, mas as vítimas de acidentes são determinadas. Cada uma delas poderia optar por propor a sua ação individual de indenização, e o juiz poderia acolher algumas e não outras (por isso, o interesse é divisível). No entanto, como há uma origem comum a todos os direitos – o defeito de fabricação como causa originária do acidente e o fato de os titulares terem todos adquirido os veículos com problemas –, é possível a tutela coletiva.

São manifestas as diferenças entre os interesses coletivos e os individuais homogêneos. Naqueles, o vínculo comum é algo que diz respeito diretamente à relação jurídica base. Por exemplo, a existência de cláusula abusiva nos contratos celebrados com o fornecedor. A origem do problema está no próprio contrato: é ele que deve ser modificado. Já nos interesses individuais homogêneos, não se nega que os titulares do interesse têm relação jurídica com o fornecedor. É o caso dos adquirentes do veículo defeituoso, que devem ter celebrado com o fornecedor um contrato de compra e venda. Mas a origem do problema não foi o contrato, e sim um fato: o acidente que ocorreu com as vítimas e que pode ter sido provocado pelo defeito no carro.

Em ação civil pública versando sobre interesse coletivo relacionado a cláusula abusiva, se o juiz acolher o pedido, todos os que celebraram o mesmo tipo de contrato serão beneficiados. Na hipótese de venda de carro defeituoso, a ação civil para indenizar as vítimas de acidente não beneficiará todos os adquirentes, mas apenas aqueles que sofreram danos decorrentes do acidente.

O liame entre os titulares dos interesses individuais homogêneos não é a relação jurídica com a parte contrária, mas a origem fática comum. Eles nada mais são que um feixe de interesses individuais, agrupados por uma origem comum, e que, por isso mesmo, podem ser objeto de tutela coletiva.

2.4. COMPARAÇÃO ENTRE OS INTERESSES TRANSINDIVIDUAIS

Os interesses difusos e os coletivos são indivisíveis, pois aquilo que beneficia um estende-se a todos. Já os individuais homogêneos são divisíveis. No exemplo do acidente com carros defeituosos, de cada situação decorre um fato distinto, ocorrido em circunstância diversa, embora possa ter origem comum.

O liame entre os titulares dos interesses coletivos deriva diretamente da relação jurídica, ao passo que entre os titulares de interesses difusos ou individuais homogêneos deriva de uma situação de fato em que eles se encontram.

Somente os titulares dos interesses difusos não podem ser identificados, como aqueles expostos à propaganda enganosa ou aos efeitos poluentes. Se, nesse grupo, alguns ficarem doentes e sofrerem danos, em virtude do efeito nocivo da poluição, comporão um novo grupo, não mais de titulares de interesses difusos, mas de individuais homogêneos.

Os interesses coletivos e individuais homogêneos pertencem a grupos de pessoas identificadas ou identificáveis.

É possível que se postule em uma mesma ação coletiva a tutela de mais de um tipo de interesse transindividual. Por exemplo, que se impugne uma cláusula contratual de multa que ultrapassa o permissivo legal.

Para ilustrar, haverá tutela de interesses coletivos, difusos e individuais homogêneos se o pedido formulado na ação civil pública abranger, respectivamente: a declaração de nulidade das cláusulas nos contratos celebrados; a condenação do fornecedor a, nos contratos futuros, abster-se de incluí-las; e a sua condenação a restituir àqueles que já pagaram a multa no valor excessivo.

No que concerne aos interesses coletivos daqueles que firmaram o contrato, se procedente a ação, todos serão beneficiados com a declaração de nulidade da cláusula. Quanto aos difusos dos que ainda não o assinaram, com a procedência estes não estarão potencialmente expostos ao risco de se submeter à abusividade de determinadas cláusulas contratuais no futuro, caso venham a fazê-lo. E em relação aos individuais homogêneos, por estarem esses interessados unidos pelo fato comum de terem sofrido o prejuízo decorrente do pagamento da multa excessiva, serão ressarcidos nos termos da lei. Como visto, cada um dos pedidos diz respeito a um tipo de interesse. Para verificar se uma ação tem por objeto a tutela desse ou daquele tipo de interesse transindividual, é preciso examinar o pedido.

3 TUTELA DOS INTERESSES TRANSINDIVIDUAIS

Os interesses coletivos, em sentido amplo, sempre existiram, embora não fossem objeto de tratamento específico da lei. A novidade das últimas décadas consistiu em criar mecanismos próprios de tutela para esse tipo de interesse, facilitando-lhes a proteção e a defesa. Para tanto, foi necessário alargar alguns conceitos do processo civil tradicional e criar novos.

Há tutela civil, penal e administrativa dos interesses coletivos. A nós interessa a civil, que é feita por meio da ação civil pública, para a defesa de todas as espécies de interesses transindividuais.

A primeira sistematização legal da ação civil pública foi feita com a edição da Lei n. 7.347/85, que a disciplinava, mas estabelecia limites à sua utilização. Na redação original, a lei a permitia apenas para os casos de responsabilidade por danos causados ao meio ambiente, ao consumidor e aos bens e direitos de valor artístico, estético, histórico, turístico e paisagístico.

Posteriormente, o Código de Defesa do Consumidor acrescentou o inciso IV ao art. 1º da Lei da Ação Civil Pública, estendendo-a para qualquer outro interesse difuso ou coletivo. E criou um sistema de trocas entre as duas leis: cada uma delas aplica-se supletivamente à outra, em caso de omissão, e desde que seus princípios não sejam colidentes entre si. Estabelece o art. 21 da Lei n. 7.347/85: "Aplicam-se à defesa dos direitos e interesses difusos, coletivos e individuais, no que for cabível, os dispositivos do Título III da Lei n. 8.078/90, que instituiu o Código de Defesa do Consumidor". E o art. 90 da lei consumerista prevê o seguinte: "Aplicam-se às ações previstas neste Título as normas do Código de Processo Civil e da Lei n. 7.347, de 24 de julho de 1985, inclusive no que respeita ao inquérito civil, naquilo que não contrariar suas disposições".

Mais tarde, foram acrescidos os incisos V e VI ao art. 1º da Lei da Ação Civil Pública, que estenderam a tutela aos interesses decorrentes da infração à ordem econômica e à economia popular e à ordem urbanística. E, em 2014, foram ainda acrescentados os incisos VII e VIII, relativos à tutela da honra e da dignidade de grupos étnicos, raciais e religiosos e do patrimônio público e social. Tais acréscimos teriam sido desnecessários, dada a fórmula aberta do inciso IV, que permite a ação civil pública para a defesa de qualquer interesse difuso ou coletivo.

Além desses diplomas, que são os fundamentais, há outros que versam sobre interesses transindividuais específicos: as Leis n. 7.853/89 e 13.146/2015, que tratam dos portadores de deficiências; a Lei n. 8.069/90, que dispõe sobre o Estatuto da Criança e do Adolescente; a Lei n. 12.529/2011, que trata dos danos causados por infração à ordem econômica; a Lei n. 10.257/2001 (Estatuto da Cidade), a Lei n. 10.741/2003 (Estatuto do Idoso) etc.

Quadro sinótico – Interesses transindividuais

Definição	Não se enquadram nem em interesse público, nem privado. Formam uma nova categoria. Pertencem a um grupo ou classe de pessoas que tenham entre si um vínculo, seja de natureza jurídica, seja de natureza fática.
Classificação	Interesses difusos. Interesses coletivos (em sentido estrito). Interesses individuais homogêneos.

Interesses difusos

Definição (art. 81, parágrafo único, I, da Lei n. 8.078/90)	São os interesses transindividuais de natureza indivisível, de que sejam titulares pessoas indeterminadas e ligadas por uma circunstância de fato.
Características	– Indivisibilidade do objeto. – Impossibilidade de determinação do sujeito. – Vínculo fático (e não jurídico).

Interesses coletivos

Definição (art. 81, parágrafo único, II, da Lei n. 8.078/90)	São os interesses transindividuais de natureza indivisível de que seja titular um grupo, categoria ou classe de pessoas ligadas entre si ou com a parte contrária por uma relação jurídica base.
Características	– Indivisibilidade do objeto. – Possibilidade de determinação do sujeito. – Vínculo jurídico.

Interesses individuais homogêneos

Definição (art. 81, parágrafo único, III, da Lei n. 8.078/90)	São os interesses transindividuais de natureza divisível de que sejam titulares pessoas determinadas ou determináveis ligadas por uma origem comum, de natureza fática.
Características	– Divisibilidade do objeto. – Possibilidade de determinação do sujeito. – Vínculo fático.

Título II
DAS AÇÕES COLETIVAS

Capítulo I
DO SURGIMENTO DE UM DIREITO PROCESSUAL COLETIVO

O processo civil tradicional, que nasceu como ciência autônoma no século XIX (pode-se fixar como data inicial a obra de Von Bullow, sobre as exceções e pressupostos processuais, de 1868), foi construído sob um enfoque individualista. Isso não surpreende, haja vista o momento histórico no qual os ecos da Revolução Industrial e Francesa ainda soavam com intensidade.

Por muito tempo, os estudos de processo civil permaneceram sob essa perspectiva, e assim foram construídos os seus institutos fundamentais. Os mecanismos objetivavam dar solução àqueles litígios individuais, ou violações eventuais de direito, que eram levados a exame pelo Poder Judiciário.

O Código de Processo Civil de 1973, embora editado mais de um século depois, ainda evidenciava a tendência individualista da ciência processual, embora estivesse em consonância com as suas técnicas mais modernas. O de 2015, embora trate ainda predominantemente da defesa dos interesses individuais em juízo, determina algumas providências relacionadas à defesa dos interesses coletivos *lato sensu*. A medida mais forte, nesse sentido, seria a conversão da ação individual em ação coletiva, prevista no art. 333, do CPC. No entanto, esse dispositivo foi vetado pela Presidência da República. Já o art. 139, X, que inclui, entre os poderes do juiz, quando se deparar com diversas demandas individuais repetitivas, oficiar o Ministério Público, a Defensoria Pública e, na medida do possível, outros legitimados a que se referem o art. 5º, da Lei n. 7.347, de 24 de julho de 1985, e o art. 82 da Lei n. 8.078, de 11 de setembro de 1990, para, se for o caso, promover a propositura da ação coletiva respectiva.

No Processo Civil brasileiro, até a década de 1980 eram muito raras as hipóteses de legitimidade extraordinária. O legislador a via com reserva. Não se cogitava, salvo algumas exceções, daqueles interesses que pertencessem a um grupo, a uma coletividade ou até mesmo a toda a sociedade. Estes não podiam ser defendidos porque não havia mecanismos processuais adequados. A deficiência era do processo civil, que não os fornecia, e muitas pretensões não podiam receber adequada tutela jurisdicional. A jurisdição não era abrangente o suficiente para acolher esse tipo de pretensão, o que constituía um fator limitativo e uma causa de insatisfação.

Isso foi se agravando com o desenvolvimento das sociedades de massas e a crescente preocupação com interesses de todo um grupo ou coletividade, como os concernentes ao meio ambiente, ao patrimônio histórico, cultural, paisagístico, entre outros. A sociedade evoluiu, e a deficiência do instrumental jurídico acentuou-se.

Não surpreende, pois, o esforço, desenvolvido no Brasil e em outros países, para aperfeiçoar e renovar o processo, buscando estender a jurisdição até a tutela de interesses que antes não podiam ser levados ao Judiciário.

Dinamarco esclarece que a doutrina internacional tem indicado a existência de três ondas de renovação do direito processual: a primeira, voltada à assistência jurídica dos necessitados; a segunda, à abrangência da tutela judicial dos interesses transindividuais; e a última, ao aperfeiçoamento técnico dos mecanismos internos do processo.

O direito deve adaptar-se às circunstâncias, funcionando como instrumento a serviço da sociedade. Deve estar apto para refletir os seus anseios e acompanhar suas inovações.

Por evolução natural, primeiro surgiu o direito material de proteção aos interesses transindividuais. Tais direitos, como os de proteção ao meio ambiente, ao patrimônio cultural e artístico, ao consumidor, foram reconhecidos. Mais tarde, criaram-se mecanismos processuais para sua defesa. Entre nós, a Lei da Ação Civil Pública fez as duas coisas ao mesmo tempo: reconheceu a existência de alguns direitos transindividuais e criou mecanismos adequados para sua proteção. Não admitiu, ainda, de forma genérica, a proteção dos interesses coletivos, mas apenas de alguns, expressamente previstos. O rol inicialmente era fechado (*numerus clausus*). À medida que o nosso sistema jurídico se foi familiarizando com a ideia, e os estudos sobre o tema foram se aprofundando, reconheceu-se que os direitos coletivos não podiam ser enumerados taxativamente, pois constituíam uma categoria própria e diferenciada que merecia um sistema autônomo de proteção.

Com a edição do Código do Consumidor, estendeu-se a possibilidade de tutela a todos os interesses difusos e coletivos. O rol, antes fechado, tornou-se aberto (*numerus apertus*).

Ao lado da tutela individual dos interesses, apresentou-se a coletiva, com alguns mecanismos próprios e outros adaptados do processo tradicional.

A tutela coletiva visa a propiciar um mais adequado acesso à justiça. Mas não compõe um ramo diferenciado do direito processual. Os seus institutos fundamentais valem igualmente para ela (nos títulos seguintes ver-se-á que os mecanismos de tutela coletiva podem e devem ser estudados à luz dos institutos fundamentais do processo civil), embora muitas vezes devam sofrer algumas adaptações ou até mesmo alterações.

Capítulo II

DAS *CLASS ACTIONS*

Utilizadas nos países da *common law*, trata-se de remédio para solucionar conflitos de interesses relativos à coletividade em que um ou mais membros de um grupo ou classe de pessoas, representados por advogado, aforam uma demanda em nome de todo o grupo. O autor ou autores da ação agirão como "representantes" no interesse de todos.

São originárias do direito inglês, embora seu desenvolvimento e sua configuração atual, como forma de tutela dos interesses transindividuais, provenham dos Estados Unidos da América.

Não cabe aqui um estudo aprofundado da criação e do desenvolvimento das *class actions*, mas vale a pena, para um estudo comparativo, traçar os principais contornos, indicando a forma como se apresentam e são utilizadas, em especial nos Estados Unidos.

Não há uniformidade de opiniões quanto à utilidade das *class actions* no direito norte-americano, e existem os que as criticam. Durante alguns períodos da história, como na década de 1980, elas caíram em desuso, mas apareceram renovadas posteriormente. Apesar das críticas, elas têm prestado serviços ao sistema jurídico norte-americano.

Há uma diferença profunda entre o sistema das *class actions* e o nosso. Naquele, qualquer um dos integrantes do grupo pode figurar como representante dos demais. No brasileiro, a legitimidade é restrita a alguns órgãos públicos ou privados que tenham por finalidade precípua a defesa dos interesses transindividuais.

As peculiaridades do sistema das *class actions* geram o problema da representatividade adequada, que inexiste no nosso sistema. Como qualquer do grupo pode arvorar-se como seu representante, ao final será preciso verificar se este se desincumbiu de sua missão adequadamente. Só então os efeitos da decisão judicial serão estendidos aos demais integrantes. Isso não ocorre no Brasil, em que a legitimidade é atribuída por lei a determinados órgãos. A adequação da representatividade não é examinada segundo um caso específico, mas atribuída, previamente, à hipótese genérica dos entes então considerados.

Nas *class actions*, o julgamento será eficaz para todos os integrantes do grupo ou classe, desde que se constate que aquele que os representou tenha agido adequadamente. Não o será para os membros que não participaram do processo, se a classe não tiver sido convenientemente representada, em razão do princípio do devido processo legal.

Em suma, nas *class actions* permite-se que um integrante do grupo de titulares dos interesses violados proponha uma demanda cujo resultado vinculará todos os componentes, incluindo aqueles que dela não participaram, desde que o grupo ou classe tenha sido adequadamente representado.

A dificuldade é verificar, de acordo com cada caso, a adequação da representatividade. Por exemplo: se a demanda coletiva é julgada improcedente, e algum consumidor pertencente à classe de lesados quiser ajuizar a sua demanda individual, será preciso ver se há coisa julgada, isto é, se o resultado da *class action* estendeu os seus efeitos a todos os integrantes do grupo.

Para tanto, deve-se examinar se a representatividade foi adequada, se foram praticados os esforços necessários para que se chegasse a um resultado favorável, e se o insucesso não foi causado por uma má gestão do representante na *class action*.

No Brasil, esse problema não ocorreria, porque a lei preestabeleceu os efeitos da coisa julgada no art. 103 do Código de Defesa do Consumidor e os legitimados para a ação coletiva. Não cabe o exame da representatividade no caso concreto. O resultado da ação coletiva apenas beneficia, jamais prejudica os lesados individuais. Se favorável, todos são beneficiados; se desfavorável, ninguém é prejudicado.

Mas não é apenas a representatividade adequada que se estabelece como condição para que, nas *class actions*, a coisa julgada estenda-se a todos os componentes do grupo. É preciso que eles tenham recebido uma *fair notice* do processo, isto é, que tenham sido informados da sua existência.

Com a cientificação, pode o interessado requerer sua exclusão do grupo, cujos interesses estão sendo defendidos na ação, com o objetivo de, assim, furtar-se à coisa julgada. A isso se dá o nome de *right of opt out*, isto é, o direito de ficar fora do grupo. Aquele que o requereu nem se beneficiará, nem se prejudicará com a sentença.

Capítulo III

DA TUTELA DOS INTERESSES DIFUSOS E COLETIVOS – SURGIMENTO NO BRASIL

Mesmo quando não havia alusão específica em nossa legislação aos interesses coletivos, existiam diplomas legislativos que os tutelavam. Um exemplo é o do art. 1º da Lei n. 1.134/50: "Às associações de classes existentes na data da publicação desta lei, sem nenhum caráter político, fundadas nos termos do Código Civil e enquadradas nos dispositivos constitucionais, que congreguem funcionários ou empregados de empresas industriais da União, administradas ou não por ela, dos Estados, dos Municípios e de entidades autárquicas, de modo geral, é facultada a representação coletiva ou individual de seus associados, perante as autoridades administrativas e a justiça ordinária".

Como transcrito acima, conferia-se legitimidade extraordinária a um ente específico, uma associação de classe, para a defesa dos interesses de todos os seus integrantes.

Um passo importante foi a entrada em vigor da Lei n. 4.717/65, que tratou da ação popular, na medida em que qualquer cidadão estava legitimado a ajuizá-la em defesa do patrimônio público, cuja definição se encontra prevista no § 1º do art. 1º da lei.

A legitimidade do cidadão é extraordinária porque o interesse em disputa não é só dele, mas de toda a coletividade.

Posteriormente, a Constituição Federal, no art. 5º, LXXIII, atribuiu a qualquer cidadão legitimidade para propor ação popular que vise "anular ato lesivo ao patrimônio público ou de entidade de que o Estado participe, à moralidade administrativa, ao meio ambiente e ao patrimônio histórico e cultural, ficando o autor, salvo comprovada má-fé, isento de custas judiciais e do ônus da sucumbência".

Havia situações específicas em que era admitida a tutela dos interesses coletivos. Foi, no entanto, com a edição da Lei da Ação Civil

Pública e, posteriormente, do Código de Defesa do Consumidor que ela se generalizou.

A Constituição Federal de 1988 trouxe algumas novidades, dentre elas a de elevar a ação civil pública ao nível constitucional, atribuindo ao Ministério Público legitimidade para ajuizá-la (art. 129, III). O art. 8º, III, estabelece que "ao sindicato cabe a defesa dos direitos e interesses coletivos ou individuais da categoria, inclusive em questões judiciais ou administrativas". Foi criado o mandado de segurança coletivo pelo art. 5º, LXX, que dispõe: "O mandado de segurança coletivo pode ser impetrado por: **a)** partido político com representação no Congresso Nacional; **b)** organização sindical, entidade de classe ou associação legalmente constituída e em funcionamento há pelo menos um ano, em defesa dos interesses de seus membros ou associados".

Posteriormente, outras leis trataram do assunto. As Leis n. 7.853/89 e 13.146/2015 cuidaram da proteção dos interesses das pessoas portadoras de deficiências. A Lei n. 7.913/89 dispôs sobre os danos causados aos investidores no mercado de valores mobiliários. A Lei n. 8.069/90 (Estatuto da Criança e do Adolescente) tratou da proteção dos interesses das crianças e dos adolescentes.

O Código de Defesa do Consumidor (Lei n. 8.078/90) tem extraordinária importância na tutela dos interesses coletivos. Ele modificou em parte a Lei da Ação Civil Pública, de forma que, junto com essa lei, criou um sistema de trocas e intercâmbios. Em caso de omissão, cada norma é aplicada de forma subsidiária à outra.

Foi a primeira vez que a lei brasileira conceituou direitos difusos, coletivos e individuais homogêneos, estendendo o uso da ação civil pública para a defesa de qualquer um deles.

A Lei de Improbidade Administrativa (Lei n. 8.429/92), editada com fundamento no art. 37, § 4º, da Constituição Federal, constituiu passo importante para a proteção da probidade administrativa, como interesse difuso, por meio da ação prevista no art. 17 da lei.

Em 1994, foi editada a Lei Antitruste, que tratou da ação civil pública de responsabilidade por danos morais e patrimoniais causados por infração da ordem econômica e da economia popular (Lei n. 8.884/94, posteriormente substituída pela Lei n. 12.529/2011).

O Estatuto da Cidade (Lei n. 10.257/2001) cuidou dos interesses coletivos relacionados ao urbanismo, e o Estatuto do Idoso (Lei n. 10.741/2003) estabeleceu um sistema de proteção integral à pessoa idosa, por ações individuais ou coletivas. A Lei n. 12.529/2011 regulou a questão dos danos causados à ordem econômica, e a Lei n. 13.146/2015 tratou dos portadores de deficiência.

Houve, pois, desenvolvimento e ampliação na tutela dos interesses coletivos. Os dois diplomas fundamentais, no entanto, são a Lei da Ação Civil Pública e o Código de Defesa do Consumidor.

Capítulo IV

OUTRAS AÇÕES PARA A TUTELA DE INTERESSES COLETIVOS

A ação, por excelência, para a tutela de interesses coletivos é a civil pública. Mas há outras em que o interesse tutelado tem a mesma natureza. Duas são de grande importância e serão tratadas, ainda que rapidamente: a ação popular e o mandado de segurança coletivo.

4 DA AÇÃO POPULAR

4.1. INTRODUÇÃO

É veiculada em processo de conhecimento, de procedimento comum, com pedidos, em regra, de natureza desconstitutiva (ou declaratória) e condenatória.

É ação coletiva, mas diferente da civil pública em vários aspectos, embora existam pontos em comum. A distinção inicial está na legitimidade para o ajuizamento: do cidadão, na ação popular; e dos entes indicados em lei, na ação civil pública.

O objeto de ambas também é diferente. A civil pública presta-se à defesa de todas as formas de interesses difusos, coletivos e individuais homogêneos. O objeto da ação popular é muito mais restrito: a defesa dos interesses difusos ligados à moralidade, eficiência e probidade administrativa, além da tutela do meio ambiente e do patrimônio histórico e cultural (art. 5º, LXXIII, da CF). Há pontos de intersecção com o objeto da ação civil pública – que também pode servir para a defesa do meio ambiente e do patrimônio histórico e cultural. Por isso, o *caput* do art. 1º da Lei da Ação Civil Pública menciona as hipóteses de cabimento, sem prejuízo da ação popular.

Há diferença, entre elas, nas espécies de pedido: na popular, ele será sempre mais restrito porque o objeto é específico – a anulação de ato lesivo ao patrimônio público e ao meio ambiente, em sentido amplo. Na civil pública, não existem essas limitações.

Ambas inserem-se no quadro das ações coletivas que tutelam interesses transindividuais. Pode-se dizer, simplificadamente, que, do ponto de vista teleológico, a ação popular é uma espécie do gênero ação civil pública (Rodolfo de Camargo Mancuso) cujo legitimado é diferente, e o objeto é mais específico.

Há um campo em que se sobrepõem as esferas de uma e outra: situações em que será cabível tanto a ação popular quanto a civil pública, variando apenas o legitimado.

4.2. CABIMENTO

Na Lei n. 4.717/65, a ação popular prestava-se unicamente à anulação ou declaração de nulidade de atos lesivos ao patrimônio público, tomado em sentido amplo (art. 1º, § 1º).

A Constituição Federal ampliou o seu objeto (art. 5º, LXXIII), estendendo a ação popular à defesa da moralidade administrativa e do meio ambiente.

Ao permitir ao cidadão fiscalizar a moralidade administrativa por esse meio, a Constituição Federal atribuiu a esse mecanismo enorme importância. Por seu intermédio, será possível examinar não só o cumprimento das dívidas e obrigações impostas por lei à administração, mas o contexto em que o ato é praticado e se ele está em consonância com as regras de conduta próprias da disciplina geral da administração.

O Judiciário verificará se a Administração cumpriu o que foi determinado por lei, e se o fez de forma eficiente, sem buscar objetivos particulares nem violar as regras gerais de Administração Pública. Por exemplo: será possível discutir em ação popular ato administrativo que determina a aquisição, em período de graves dificuldades financeiras, de veículos luxuosos, para servirem às autoridades, ainda que haja lei autorizando (Odete Medauar).

Com o princípio da moralidade, imbricam-se outros, como os da pessoalidade e da publicidade, cujo desrespeito também pode ser questionado pela ação popular.

Sua finalidade é declarar nulo o ato lesivo aos interesses por ela tutelados e condenar os responsáveis e os beneficiários ao ressarcimento (art. 11). O art. 1º da Lei n. 4.717/65 atribui a qualquer cidadão a possibilidade de anular ou declarar nulos os atos prejudiciais à Administração Pública. Acolhe a lei a clássica distinção entre ato nulo e ato anulável, que é própria do direito privado. No campo do direito público, em que há interesses que se relacionam ao patrimônio e à moralidade administrativos, o ato que estiver em desconformidade com as leis ou normas gerais da administração será sempre nulo, e não meramente anulável. Mas como frequentemente os administrativistas usam as expressões "anular o ato administrativo" ou "declarar-lhe a nulidade" de forma indistinta, a lei fez uso das duas expressões. Contudo, mais que anular o ato, a ação popular busca declarar a sua nulidade, retirando qualquer efeito que ele tenha produzido, para repor o *status quo ante*, como se o ato nunca tivesse sido praticado. A eficácia da sentença na ação popular é *ex tunc*, retroagindo ao momento inicial em que ele foi praticado. Cumulativamente, quando já houver lesão ou prejuízo, haverá pedido condenatório, de reparação de danos.

Não se prestam a ação popular nem a civil pública a questionar a constitucionalidade de lei, isto porque não podem servir de sucedâneo para as ações declaratórias de inconstitucionalidade, tampouco podem ser utilizadas para atacar decisão judicial, pois para tanto existem mecanismos apropriados.

4.3. SUJEITOS

O legitimado único da ação popular é o cidadão, pessoa física individual, de nacionalidade brasileira, no gozo de seus direitos políticos, o que deve ser demonstrado *ab initio* com a juntada do título de eleitor. O relativamente incapaz, entre 16 e 18 anos, pode ser autor popular, sem ser assistido, porque está no pleno gozo de seus direitos políticos, embora não tenha capacidade processual em outros tipos de demanda.

Não há óbice à formulação de litisconsórcio facultativo ativo entre dois ou mais cidadãos.

O art. 6º, § 5º, da Lei n. 4.717/65 (LAP) faculta a qualquer cidadão requerer o seu ingresso posterior como litisconsorte ou assistente do autor. Sendo legitimado extraordinário, os cidadãos que queiram ingressar posteriormente serão assistentes litisconsorciais.

Em caso de desistência da ação pelo cidadão ou de inércia que possa levar à extinção do processo, serão publicados editais para que, no prazo de 90 dias, qualquer outro cidadão ou o Ministério Público possam assumir o polo ativo. Pessoa jurídica não poderá em hipótese alguma figurar como autor (Súmula 365 do STF).

No polo passivo ficarão as pessoas mencionadas no art. 6º da Lei, em litisconsórcio necessário: as pessoas públicas ou privadas e as entidades mencionadas no art. 1º; as autoridades, funcionários ou administradores que houverem autorizado, aprovado, ratificado ou praticado o ato impugnado; ou aqueles que, por omissão, tiverem dado oportunidade à lesão, bem como os beneficiários diretos do ato.

O § 2º do art. 6º determina que, nos casos de realização de operação bancária ou de crédito real, quando o valor real do bem dado em hipoteca ou penhor for inferior ao constante da escritura, contrato ou avaliação, deverão ser citados como litisconsortes necessários os responsáveis pela avaliação inexata e os seus beneficiários.

Pretendeu o legislador alcançar não apenas os causadores da lesão, mas todos aqueles que dela se beneficiaram.

Poderá ser admitido como assistente simples dos réus o funcionário causador do dano que possa ser demandado em regresso (art. 11 da LAP) e que, por isso, tenha interesse jurídico em que a sentença seja favorável aos assistidos.

Em todas as ações populares haverá a intervenção do Ministério Público como fiscal da ordem jurídica. Os interesses em jogo dizem respeito diretamente ao *Parquet*, por serem difusos e versarem sobre o patrimônio público, moralidade administrativa, meio ambiente e patrimônio histórico e cultural.

São várias as funções do promotor de Justiça: fiscalizar o cumprimento da lei, apressar a produção da prova e promover a responsabilidade civil ou criminal dos que dela participem.

Em caso de desistência, ou de inércia, que possa levar à extinção do processo sem julgamento de mérito, o Ministério Público estará legitimado a assumir o polo ativo (art. 9º da LAP). Cabe a ele, ainda, promover a execução da sentença, caso decorrido o prazo de 60 dias sem que o autor ou terceiro a promovam. Deverá fazê-lo no prazo de 30 dias, sob pena de falta grave (art. 16 da LAP).

Apesar de fiscal da ordem jurídica, o Ministério Público jamais poderá assumir a defesa do ato impugnado ou dos seus autores (art. 6º, § 4º, da LAP).

4.4. OBJETO

Em toda demanda, o autor deve indicar o pedido imediato e o mediato, sendo o primeiro a tutela jurisdicional pretendida, e o segundo, o bem da vida. O art. 11 da Lei de Ação Popular, embora cuide da sentença, fornece subsídios importantes para a delimitação do pedido. Estabelece que, em caso de procedência, a sentença decretará a invalidade do ato impugnado e condenará os responsáveis ao pagamento de perdas e danos.

O pedido imediato, na ação popular, terá dupla natureza: será declaratório de nulidade, porque buscará o desfazimento do ato lesivo; e condenatório, porque imporá aos responsáveis a obrigação de reparar os danos causados.

O pedido mediato será a invalidação do ato e a reposição dos prejuízos dele decorrentes pelos responsáveis e beneficiários. Embora a lei mencione apenas a condenação a perdas e danos, ela também pode impor aos réus obrigações de fazer ou não fazer que restabeleçam o *statu quo ante*, com a utilização dos meios de coerção estabelecidos nos arts. 536, § 1º, e 139, IV do Código de Processo Civil (na omissão da Lei de Ação Popular, aplica-se subsidiariamente o Código de Processo Civil, naquilo que não contrariar o regime de tutela dos interesses coletivos – art. 22 da LAP).

A ação popular pode ser preventiva ou repressiva. A primeira será proposta antes que a lesão se configure, a fim de evitá-la. O pedido limita-se às providências que impeçam o prejuízo; com mais frequência, terá caráter repressivo, como a desconstituição do ato lesivo e o afastamento das consequências que dele tenham advindo. A lesividade do ato administrativo não precisa ter se manifestado antes. Basta que exista a possibilidade ou a plausibilidade de que o dano venha a ocorrer.

4.5. FUNDAMENTOS

Aquele que propõe a ação deve indicar quais os fundamentos, de fato e de direito, em que se embasa o pedido.

A ação popular é um instrumento atribuído ao cidadão para fiscalizar a Administração Pública e preservar o patrimônio público, ambiental, cultural e histórico.

O interesse do cidadão não é só seu, mas de toda a coletividade (difuso), da qual ele é uma espécie de representante ao ajuizar a ação. O juiz, ao examinar a petição inicial, deve verificar se, em abstrato, o interesse ali indicado é da ordem dos que concernem a toda a coletividade, associado à correta e proba gestão dos bens e do patrimônio público.

Deve o autor indicar as razões pelas quais o ato impugnado deve ser desconstituído, e os réus condenados. Sempre se discutiu se era preciso indicar a ilegalidade e a lesividade do ato, ou apenas a lesividade. Esta é indispensável porque, se o ato não traz prejuízo nenhum, nem real nem potencial, carecerá o autor de interesse de agir.

Quanto à ilegalidade, a controvérsia é grande. Embora predomine o entendimento de que seja indispensável (arts. 2º e 3º da LAP), parece-nos que a Constituição Federal não o exige. O art. 5º, LXXIII, protege não só o patrimônio público, mas a moralidade. Esta é muito mais ampla que a legalidade. É possível que um ato administrativo não ofenda diretamente a lei, mas seja incompatível com as regras gerais que devem reger a Administração.

No art. 4º da Lei de Ação Popular, encontram-se exemplos de ofensa não propriamente à lei, mas à moralidade pública, como a compra de bens por valor superior, ou a venda, por valor inferior ao de mercado.

Mas se não é preciso que se aponte ilegalidade, é indispensável, ao menos, que se indique precisamente em que sentido o ato não se coaduna com as regras gerais da Administração Pública. Desnecessário que se especifique algum artigo de lei violado, mas obrigatório que se esclareça o porquê do pedido de invalidação do ato.

4.6. CONDIÇÕES DA AÇÃO

A ação popular está sujeita às mesmas condições indispensáveis ao exame de mérito. Embora ela seja abstrata e independa da efetiva existência do direito que pretenda tutelar, sem a legitimidade *ad causam* e o interesse de agir, o processo será extinto sem resolução de mérito.

4.6.1. LEGITIMIDADE *AD CAUSAM*

A legitimidade ativa é do cidadão, sozinho ou em litisconsórcio com outros. Trata-se de legitimidade extraordinária porque o interesse que fundamenta a ação é difuso, de todos. O cidadão integra a coletividade, a quem interessa a tutela do interesse. Mas este é geral, e não do cidadão que vai em juízo. Depois do ajuizamento da ação, outros cidadãos podem entrar como assistentes litisconsorciais.

Aquele que tem entre 16 e 18 anos pode ajuizar a ação popular e outorgar procuração a advogado, que possa representá-lo em juízo, sem precisar ser assistido.

De acordo com o art. 1º, § 3º, da Lei de Ação Popular, a prova da cidadania deverá ser feita com a apresentação do título eleitoral ou com documento que a ele corresponda.

Os legitimados passivos são os entes mencionados no art. 6º e parágrafos, já citados. Haverá litisconsórcio necessário entre eles, causadores diretos e indiretos dos danos decorrentes do ato lesivo.

O § 3º do art. 6º da Lei de Ação Popular é de grande relevância para a compreensão da ação popular. Estabelece que: "A pessoa jurídica de direito público ou de direito privado, cujo ato seja objeto de impugnação, poderá abster-se de contestar o pedido, ou poderá atuar ao lado do autor, desde que isso se afigure útil ao interesse público, a juízo do respectivo representante legal ou dirigente".

Apesar de figurar no polo passivo, a pessoa jurídica pode assumir a defesa da nulidade do ato impugnado e ficar do lado do autor. Pode, pois, optar por: contestar a ação, se entender que ela não tem fundamento, e que o ato é lícito; silenciar ou atuar ao lado do autor. Se a opção for a última, o ente público ou privado, apesar de réu, atuará como uma espécie de assistente simples do autor, com os mesmos poderes que são atribuídos a essa figura.

4.6.2. INTERESSE DE AGIR

É preciso que a ação popular seja a medida adequada para obter o resultado pretendido. E que o seu ajuizamento seja necessário.

Difere o interesse material do interesse de agir. O primeiro é o direito que pode ser tutelado em juízo, por meio da ação popular. O segundo é a necessidade de propor a demanda somada à escolha da via adequada.

O interesse material tutelado na ação popular é o patrimônio público, cultural, histórico, ambiental e a moralidade pública. Embora pertencente a toda a coletividade, reconhece-se o interesse de cada cidadão na sua tutela.

A lesão, ou a simples ameaça, é bastante para indicar o interesse do cidadão, que tem direito a uma administração adequada, íntegra, eficiente.

O interesse material em disputa é difuso, porque de toda a coletividade. Já o interesse de agir decorre da adequação da ação popular e da lesividade do ato. Mas, em algumas circunstâncias, esta pode decorrer do fato em si. Há alguns atos que, praticados, levam a uma presunção absoluta de lesividade, dispensado o autor de prová-la. É o que ocorre, por exemplo, com as hipóteses do art. 4º da Lei de Ação Popular. O autor, ao ajuizar a ação popular nessas hipóteses, não precisa indicar qual o prejuízo efetivamente sofrido, uma vez que este se presume, em caráter absoluto, das situações ali elencadas.

Há hipóteses em que o dano é presumido e dispensa comprovação, bastando que se verifique a situação descrita na lei. E há outras de dano não presumido, mas que ainda não ocorreu, embora haja o risco de que se concretize.

A Lei de Ação Popular mune o cidadão de instrumentos preventivos suficientes. Além das tutelas provisórias, antecedentes ou incidentais, existe a liminar, para suspender o ato lesivo impugnado (art. 5º, § 4º, da LAP).

Carecerá de interesse de agir aquele que pretenda valer-se da ação popular para postular a anulação de ato lesivo não ao patrimônio público, mas a seus direitos individuais.

O interesse de agir está condicionado à efetiva ameaça ou risco de ameaça ao patrimônio público, histórico, cultural, artístico e ao meio ambiente.

O CPC de 2015 excluiu a possibilidade jurídica do pedido do rol de condições da ação. Liebman, a partir da 3ª edição de seu *Manual de direito processual civil*, já a havia excluído, e a nova lei acolheu a orientação do eminente processualista. Mas o que ocorrerá caso o juiz se defronte, por exemplo, com uma petição inicial em que o pedido formulado (ou a causa de pedir) seja juridicamente impossível? Ela deverá ser indeferida, não mais por impossibilidade jurídica do pedido, mas por falta de interesse de agir, já que carece de interesse quem postula o que a lei veda. A possibilidade jurídica do pedido é absorvida, portanto, pelo interesse de agir. Se for possível constatar, já pela leitura da inicial, que o pedido, consideradas a causa de pedir e as partes que o formulam, afronta o ordenamento jurídico, haverá indeferimento e extinção sem resolução de mérito, e não improcedência de plano.

A possibilidade jurídica do pedido, que integra o interesse de agir, consiste na compatibilidade entre a pretensão formulada na petição inicial e o ordenamento jurídico.

Ao elaborar a petição inicial da ação popular, o autor deve descrever um ato administrativo que repute ofensivo à lei ou à moralidade administrativa, postulando que ele seja declarado nulo, e que os responsáveis e beneficiários sejam condenados a ressarcir os prejuízos que ocasionaram.

Ao examinar a inicial, o juiz terá de verificar se, em tese, os atos descritos na petição inicial podem mesmo ser ofensivos. Sob pena de confundir a possibilidade jurídica com o mérito, o juiz não pode indeferir a inicial, alegando que o ato administrativo impugnado é lícito ou moral, salvo se a licitude ou a correção do ato forem manifestas, detectáveis *prima facie*.

Se restar qualquer dúvida quanto a isso, o juiz deve receber a inicial, deixando para examinar a questão no momento oportuno.

4.7. TUTELA DE INTERESSES COLETIVOS E DISCRICIONARIEDADE

Embora de grande relevância para a ação popular, esse tema interessa também às ações civis públicas e relaciona-se com o interesse de agir.

Essas ações não podem erigir-se em instrumento para autorizar o Poder Judiciário a rever atos administrativos discricionários.

É conhecida a distinção que se faz entre atos vinculados e discricionários. Os primeiros têm todos os elementos definidos em lei, e os segundos propiciam alguma margem de conveniência ou oportunidade à administração.

Distingue-se a legalidade e o mérito do ato administrativo, sendo este último aquilo que se relaciona com a conveniência e oportunidade.

Não existe discricionariedade absoluta nos atos. Ou eles são inteiramente vinculados, ou têm parte de seus elementos fixada por lei, parte deixada ao alvedrio do administrador.

Os atos vinculados podem ser inteiramente examinados pelo Poder Judiciário, sem ressalvas; os discricionários só podem ser revistos nos limites em que não firam a discricionariedade do Poder Público.

Não pode o juiz imiscuir-se naquilo que consista em opção legítima do administrador. O Judiciário pode examinar a legalidade do ato e se este não extrapolou os limites da discricionariedade. Esta não pode ser invocada pelo Poder Público para eximir-se ou omitir-se no cumprimento de suas funções, ou para deixar de oferecer ao cidadão uma administração pública adequada e eficiente. Tem-se ampliado a possibilidade de controle jurisdicional dos atos administrativos.

Hoje, admite-se a possibilidade de questionar a opção tomada pelo administrador, em competência discricionária, caso se verifique que ela, entre as possíveis, não era a melhor para alcançar os princípios gerais da administração e conseguir serviço público adequado e eficiente. Só se há de subtrair do controle judiciário a escolha quando as alternativas forem equivalentes, todas elas assegurando igual atendimento de tais princípios e eficiência na administração.

O princípio da eficiência administrativa é de grande relevância porque amplia o controle do Poder Judiciário, que poderá ser provocado sempre que ele não for observado. E permite que o Poder Judiciário examine condutas comissivas da Administração e certas omissões que possam ferir tal princípio.

4.8. COMPETÊNCIA

As regras fundamentais são as estabelecidas no art. 5º da Lei de Ação Popular.

Deve-se examinar a origem do ato impugnado. Se for do interesse da União, de entidades autárquicas, fundações públicas ou empresas públicas federais, a competência será da Justiça Federal (art. 109 da CF). Para a apuração da seção competente, será observado o § 2º: "As causas intentadas contra a União poderão ser aforadas na seção judiciária em que for domiciliado o autor, naquela onde houver ocorrido o ato ou fato que deu origem à demanda ou onde esteja situada a coisa, ou ainda, no Distrito Federal". A escolha caberá ao autor.

Se o ato impugnado tiver sido praticado pela administração estadual ou do Distrito Federal, a ação poderá ser proposta no foro de domicílio do autor, no de ocorrência do ato ou fato que originou a demanda, no de situação da coisa ou na capital do respectivo ente federado (art. 52, *caput* e parágrafo único do CPC).

Por fim, se a ação disser respeito aos interesses do Município, será proposta no Foro da respectiva Comarca, em Vara de Fazenda Pública, se houver, ou em Vara Cível.

O § 2º do art. 5º estabelece norma específica para a hipótese de, no mesmo processo, haver interesse de dois órgãos políticos. Se um deles for a União, será sempre competente a Justiça Federal. Quando houver interesse só do Estado e do Município, prevalecerá a competência dada pela intervenção daquele.

A propositura da ação popular prevenirá a competência para o processamento de outras posteriores que forem intentadas contra as mesmas partes e sob os mesmos fundamentos (art. 5º, § 3º, da LAP).

Aplicam-se também às ações populares as regras concernentes à conexão e continência. Se estiverem correndo separadas, far-se-á a reunião, respeitadas as regras de prevenção.

As ações populares correm em primeira instância, ainda que delas participem autoridades contra as quais eventual mandado de segurança só possa ser apreciado por instâncias superiores. Já decidiu o Supremo Tribunal Federal que é competente a primeira instância para julgar ação popular contra Presidente da República (*RTJ*, 121:17).

Mas serão de competência da Justiça Federal as ações populares em que possa haver conflito entre a União e os Estados, ou o Distrito Federal (art. 102, I, f, da CF). Nesse sentido: "É da competência do STF o julgamento de ação popular em que se tem um conflito entre a União e o Estado-membro, onde os autores pretendem agir no interesse do Estado, postulando a anulação de decreto do Presidente da República, ou seja, de ato imputável à União" (STJ, *RT*, 738:206).

Também será de competência da Justiça Federal a ação popular em que haja interesse direto ou indireto de todos os membros da

Magistratura, ou em que mais da metade dos membros do tribunal de origem estejam impedidos ou sejam direta ou indiretamente interessados (CF, art. 102, n).

Quadro sinótico

	Ação popular	Ação civil pública
Legitimidade	Cidadão	Entes indicados em lei
Objeto	Defesa dos direitos difusos ligados à moralidade, eficiência e probidade administrativa, tutela do meio ambiente e do patrimônio histórico e cultural.	Defesa de todas as formas de direitos difusos, coletivos e individuais homogêneos, tutela do meio ambiente e do patrimônio histórico e cultural.
Pedido	Será sempre mais restrito porque o objeto é específico (anulação do ato lesivo ao patrimônio público e ao meio ambiente, em sentido amplo).	Não há limitações previstas na ação popular.

Ação popular

Finalidade	Declarar nulo o ato lesivo aos interesses por ela tutelados e condenar os responsáveis e os beneficiários ao ressarcimento. Pode ser preventiva ou repressiva.
Sujeitos	Polo ativo: cidadão, pessoa física individual, de nacionalidade brasileira, no gozo de seus direitos políticos. O relativamente incapaz, entre 16 e 18 anos, pode ser autor popular, sem ser assistido, desde que esteja no pleno gozo de seus direitos políticos. Há possibilidade de litisconsórcio ativo. Polo passivo: a ação será proposta contra as pessoas públicas ou privadas e as entidades referidas no art. 1º da Lei n. 4.717/65 contra as autoridades, funcionários ou administradores que houverem autorizado, aprovado, ratificado ou praticado o ato impugnado, ou que, por omissas, tiverem dado oportunidade à lesão, e contra os beneficiários diretos dele – em litisconsórcio necessário. MP – sempre atuará como *custos legis*.
Objeto	Pedido imediato: declaratório de nulidade (busca o desfazimento do ato lesivo) e condenatório (reparação dos danos causados). Pedido mediato: invalidação do ato e a reposição dos prejuízos dele decorrentes pelos responsáveis e beneficiários.

Fundamentos	Interesse de toda a coletividade. Lesividade do ato (imprescindível). Ilegalidade do ato (é discutível, sendo predominante o entendimento de que seja indispensável).
Competência	Dependerá da origem do ato impugnado. Se for do interesse da União, entidades autárquicas ou fundações públicas federais, a competência será da Justiça Federal, observado o disposto no art. 109, § 2º, da CF. Atos praticados pela administração estadual: a ação poderá ser proposta no foro de domicílio do autor, no de ocorrência do ato ou fato que originou a demanda, no de situação da coisa ou na capital do respectivo ente federado (art. 52, *caput* e parágrafo único do CPC). Interesses do Município: Foro da respectiva Comarca, em Vara da Fazenda Pública (se houver), ou em Vara Cível.

4.9. PROCEDIMENTO

A ação popular, que se veicula por meio de processo de conhecimento, terá sempre procedimento comum. Mas é ordinário com peculiaridades, seja quanto ao prazo de contestação, que é um pouco maior, seja quanto à possibilidade de concessão de liminar, seja ainda quanto aos poderes atribuídos ao juiz. Essas especificidades, no entanto, não são suficientes para descaracterizar o procedimento.

O art. 10 da Lei de Ação Popular estabelecia que as custas e o preparo eram pagos ao final. Não havia antecipação, nem mesmo dos honorários do perito. Contudo, esse dispositivo foi derrogado pelo art. 5º, LXXIII, da Constituição Federal, que isenta o autor, salvo comprovada má-fé, das custas judiciais e dos ônus de sucumbência.

Antes da Constituição Federal de 1988, o autor vencido era obrigado a pagar as custas e os honorários, sendo as primeiras pagas em décuplo, em caso de lide temerária. Atualmente, ele só pagará as verbas de sucumbência em caso de lide temerária.

4.9.1. PETIÇÃO INICIAL

Deverá observar os requisitos do art. 319 do Código de Processo Civil. O autor apresentará a prova de cidadania: o título eleitoral ou documento a ele correspondente.

O autor pode requerer ao juiz, logo na inicial, que requisite às entidades públicas as certidões e informações que julgar necessárias, bastando que indique a respectiva finalidade. Formulado o pedido, o juiz não poderá extinguir o processo por falta desses documentos.

Ao despachar a petição inicial, o juiz poderá:

a) Conceder a suspensão liminar do ato, objetivando a defesa do patrimônio público, na forma do art. 5º, § 4º, da Lei de Ação Popular.

Essa liminar pode ser concedida no início do processo, antes da citação do réu, ou em momento posterior, quando se verifique a existência de perigo iminente aos bens tutelados na ação. Discute-se se ela teria natureza cautelar ou satisfativa. Parece-nos que cautelar, porque o juiz, por meio dela, ainda não satisfará a pretensão, não desconstituirá o ato administrativo impugnado, nem condenará o responsável ou beneficiários ao ressarcimento dos danos por eles provocados. Visa-se com isso preservar o patrimônio público ou os demais bens tutelados de uma situação de perigo que precisa ser afastada.

Além dessa suspensão cautelar, não há óbice a que o juiz conceda outras medidas de urgência, inclusive aquelas que tenham natureza de tutela antecipada. A suspensão prevista no art. 5º, § 4º, não esgota o rol de tutelas provisórias na ação popular. Outras, de natureza cautelar ou antecipada, poderão ser requeridas ou concedidas. Não se vê óbice a que o juiz, liminarmente, já outorgue medida que assegure a satisfação antecipada do direito (quando isso for possível, respeitados os requisitos da tutela provisória antecipada). À ação popular aplicam-se subsidiariamente as normas do Código de Processo Civil referentes à tutela provisória, cautelar e antecipada.

Contra a decisão que aprecia a liminar, cabe agravo de instrumento, ao qual poderá ser atribuído, a requerimento do interessado, efeito suspensivo ou ativo. A liminar não pode ser revogada pelo juiz que a concedeu, depois de ultrapassado o prazo de agravo, se não forem trazidos aos autos fatos novos. No entanto, o juiz revogará a liminar se julgar improcedente a ação popular.

A Lei n. 8.437/92, art. 4º, *caput* e § 1º, permite que o presidente do tribunal, ao qual compete o julgamento do respectivo recurso, suspenda a execução liminar, em despacho fundamentado, havendo manifesto interesse público ou flagrante ilegitimidade, e para evitar grave lesão à ordem, à saúde, à segurança e à economia públicas.

b) Determinar a citação dos réus, que estarão sempre em litisconsórcio necessário, na forma do art. 6º da Lei de Ação Popular.

A citação far-se-á pelas formas previstas no Código de Processo Civil, observada a restrição da citação pelo correio de pessoas jurídicas de direito público (art. 247, III). O art. 7º, II, estabelece que: "Quando o autor o preferir, a citação dos beneficiários far-se-á por edital com o prazo de 30 (trinta) dias, afixado na sede do juízo e publicado três vezes no jornal oficial do Distrito Federal, ou da Capital do Estado ou Território em que seja ajuizada a ação. A publicação será gratuita e deverá iniciar-se no máximo 3 (três) dias após a entrega, na repartição competente, sob protocolo, de uma via autenticada do mandado".

A norma traz perplexidade, por parecer autorizar a citação ficta de réus que estejam em local conhecido.

Parece-nos, entretanto, que a citação por edital deve ficar reservada para as hipóteses previstas no art. 256 do Código de Processo Civil, sob pena de haver ofensa ao princípio constitucional do contraditório e da ampla defesa. Se o réu estiver em local conhecido, a citação deverá ser feita por correio, quando possível, ou por mandado.

O art. 7º, III, da Lei de Ação Popular contém importante disposição a respeito da ampliação do polo passivo, na ação popular, depois do ajuizamento: qualquer pessoa, beneficiada ou responsável pelo ato impugnado, cuja existência se torne conhecida no curso do processo e antes de proferida a sentença final de primeira instância, deverá ser citada para participar, devendo ser-lhe restituído o prazo de contestação e produção de provas. Haverá litisconsórcio necessário, que justifica a inclusão posterior. Todos os responsáveis ou beneficiários devem integrar o polo passivo.

Para que seja respeitado o princípio do contraditório, é indispensável que o novo réu tenha oportunidade de se defender, apresentando contestação, e de acompanhar e produzir provas. Quando a descoberta do novo participante for feita, o processo ficará paralisado, aguardando-se a sua citação e a apresentação de resposta, com a indicação das provas. Caso necessário, serão repetidas as provas já colhidas, com a participação do novo réu.

c) Requisitar os documentos que tenham sido pedidos pelo autor na inicial, e outros que possam ser úteis para o esclarecimento dos fatos.

E, ainda, os não solicitados, que entenda importantes. O juiz fixará prazo para cumprimento das requisições, cabendo ao Ministério Público providenciar a sua observância.

4.9.2. CONTESTAÇÃO DO RÉU

Citados, os réus poderão apresentar contestação no prazo de 20 dias, prorrogável pelo mesmo período, a requerimento do interessado, quando particularmente difícil a produção de prova documental (art. 7º, IV). Esse prazo será comum, ao qual não se aplicará o art. 229, *caput* do Código de Processo Civil: a resposta deverá ser apresentada em 20 dias, ainda que os litisconsortes tenham advogados diferentes. A contagem do prazo faz-se na forma prevista no Código de Processo Civil.

Na contestação, o réu poderá apresentar toda espécie de defesa que seja de seu interesse. Pode, ainda, na forma do CPC, valer-se dos incidentes de suspeição e impedimento.

Não cabe, porém, reconvenção na ação popular, como não cabe na ação civil pública, porque o autor, em ambas, é legitimado extraordinário para a defesa de interesses coletivos. Daí o descabimento de os réus formularem pedidos reconvencionais em face do cidadão, que não está em defesa de um interesse próprio.

A falta de contestação torna o réu revel, impondo-lhe os efeitos correspondentes. Ressalvem-se os entes públicos ou privados cujo ato é objeto de impugnação. A eles não é possível aplicar os efeitos da revelia porque podem, quando citados, optar entre três posturas possíveis (art. 6º, § 3º, da LAP): contestar a ação, defendendo a validade do ato impugnado; silenciar; e atuar ao lado do autor como uma espécie de assistente simples, desde que isso se afigure útil ao interesse público. Não faz sentido que tais entes, podendo até optar por agir em conjunto com o autor, possam sofrer os efeitos da revelia – em especial a presunção de veracidade dos fatos, apenas porque não contestaram.

Os demais réus (autoridades e funcionários responsáveis pelo ato, ou beneficiários) estão sujeitos a tais efeitos. Mas como há um litisconsórcio, se um dos réus contestar, a defesa aproveitará aos demais, quando o litisconsórcio for unitário, ou quando a matéria alegada for comum aos demais réus.

4.9.3. PRODUÇÃO DE PROVAS

Apresentada a resposta, o juiz determinará as providências preliminares, como no Código de Processo Civil. Quando o réu alegar matéria preliminar ou fato extintivo, impeditivo ou modificativo do direito, o juiz ouvirá o autor no prazo de 15 dias (arts. 350 e 351 do CPC). Em seguida, verificará se as partes requereram provas e se estas são necessárias.

Se não, ou se as provas requeridas forem impertinentes, o juiz proferirá o julgamento antecipado do mérito, após dar às partes o prazo de 10 dias para suas últimas alegações (art. 7º, V, da LAP). Se houver requerimento de provas, o processo tomará o procedimento comum, devendo-se observar o art. 357 e parágrafos do Código de Processo Civil. Colhidas as provas, as partes apresentarão suas alegações finais, e o juiz proferirá sentença no prazo de 15 dias, se já não tiver julgado em audiência.

Não há peculiaridades quanto às provas, na ação popular. Preocupa-se o legislador, dado o tipo de interesse em jogo, com o cumprimento das determinações judiciais e com os prazos fixados em lei.

O art. 6º, § 4º, da Lei de Ação Popular determina que o Ministério Público acompanhe a ação, diligenciando para apressar a produção de provas, e o art. 7º, § 2º, determina que ele e o juiz providenciem a observância dos prazos estabelecidos em lei, para o cumprimento das requisições às entidades.

A sentença deve ser proferida em 15 dias, sob pena de perda da possibilidade de inclusão em lista de merecimento ou promoção pelo prazo de 2 anos, e, para efeito de promoção por antiguidade, de tantos dias quantos forem os de retardamento, salvo motivo justo, declinado nos autos, e comprovado perante o órgão disciplinar competente.

4.9.4. SENTENÇA

Pode ser de resolução de mérito ou de extinção sem resolução de mérito, observando-se, com as ressalvas inerentes à natureza da ação, as hipóteses dos arts. 487 e 485 do Código de Processo Civil. Haverá sentença de mérito quando o juiz acolher ou rejeitar o pedido, no todo ou em parte, quando houver reconhecimento jurídico do pedido ou de prescrição e decadência. Não há possibilidade de transação nem de renúncia ao direito, o que afasta a extinção, com fundamento no art. 487, III, *b* e *c*, do CPC.

Haverá extinção sem resolução de mérito nas hipóteses do art. 485, ressalvadas as que são incompatíveis com a natureza da ação popular, como as mencionadas nos incisos VII e IX.

Discute-se sobre a possibilidade de haver sentença de extinção sem resolução de mérito por desistência da ação popular. O art. 9º da Lei de Ação Popular previu a hipótese, mas o juiz não extinguirá o processo desde logo, devendo promover a publicação de editais que assegurem a qualquer cidadão a possibilidade de assumir o polo ativo. Pode ocorrer que nenhum cidadão se interesse. Nessa hipótese, a lei estabelece que, no prazo de 90 dias, o Ministério Público dará prosseguimento à ação.

Apesar dos termos peremptórios da lei, é preciso assegurar a independência funcional do Ministério Público, que não precisará assumir o polo ativo da ação popular quando verificar que ela é descabida nem poderá ter resultado favorável. Ele poderá manifestar desinteresse em assumir o polo ativo. O juiz, entendendo ser caso de prosseguimento, remeterá os autos ao Procurador-Geral de Justiça para que este decida. Em caso de reiteração do desinteresse, o juiz julgará o processo extinto sem resolução de mérito, com fundamento no art. 485, VIII, do Código de Processo Civil.

Da sentença que extinguir o processo sem resolução de mérito, haverá remessa necessária (art. 19 da LAP). A sentença extintiva não impede que a ação volte a ser proposta.

Entre as possíveis sentenças de mérito, as mais comuns são as que acolhem ou rejeitam, no todo ou em parte, o pedido, isto é, as de procedência, improcedência ou parcial procedência.

De acordo com o art. 11 da Lei de Ação Popular, "A sentença que, julgando procedente a ação popular, decretar a invalidade do ato impugnado, condenará ao pagamento das perdas e danos os responsáveis pela sua prática e os beneficiários dele, ressalvada a ação regressiva contra os funcionários causadores de dano, quando incorrerem em culpa". Esse dispositivo explicita que a natureza da sentença na ação popular é declaratória de nulidade do ato impugnado e condenatória.

A dupla natureza a que se alude é necessária quando houver prejuízo. O pedido condenatório há de ser cumulado sempre que houver qualquer tipo de dano. Não basta, para preservar o interesse público em jogo, o desfazimento do ato, sendo necessário recompor os prejuízos que dele tenham advindo.

A cumulação será necessária, cabendo ao Ministério Público e ao juiz o exame da inicial, para verificar se foi feita. Mesmo que o pedido condenatório não venha expresso na inicial, o juiz deverá condenar os réus pelos prejuízos verificados, considerando-o implícito. O princípio dispositivo é mitigado nas ações populares. A condenação pode ser ao cumprimento de obrigação específica, com aplicação dos meios de coerção do art. 536, § 1º do Código de Processo Civil, ou ao pagamento de indenização, quando aquela não puder ser obtida. Caso tenha sido possível apurar o montante da lesão, a sentença o indicará.

O art. 14, §§ 1º e 2º, da Lei de Ação Popular fornece alguns critérios para cálculo. E o § 3º estabelece que: "Quando o réu condenado perceber dos cofres públicos, a execução far-se-á por desconto em folha até o integral ressarcimento de dano causado, se assim mais convier ao interesse público". Desde a sentença condenatória, o condenado fica sujeito a sequestro e penhora de bens.

Com o acolhimento do pedido, o ato é declarado nulo *ab initio*, tendo a sentença eficácia *ex tunc*.

O juiz condenará o réu ao "pagamento, ao autor, das custas e demais despesas judiciais e extrajudiciais, diretamente relacionadas com a ação e comprovadas, bem como o dos honorários de advogado" (art. 12 da LAP).

Em caso de improcedência, o autor não pagará custas e honorários, salvo se a lide for considerada manifestamente temerária, caso em que será condenado ao pagamento do décuplo das custas, sem prejuízo de eventual indenização por dano processual, na forma dos arts. 79 e 81 do Código de Processo Civil.

Justifica-se a isenção de honorários porque o interesse defendido é de toda a sociedade, e a possibilidade de condenação poderia desestimular a propositura da ação popular.

Há dificuldades quanto aos honorários do perito, em caso de improcedência. No de procedência, os réus arcarão; no de improcedência, quando a lide não for temerária, ninguém será condenado, o que trará sérios problemas, uma vez que não se pode exigir que o perito suporte as despesas que teve. Tem sido sugerida a criação de um fundo, semelhante ao da ação civil pública, cujo objetivo seria custear as despesas dessa natureza.

A sentença de improcedência, seja porque infundada a pretensão, seja por insuficiência de provas, é de mérito. Quando o fundamento for a falta de provas, não haverá coisa julgada material (art. 18 da LAP). Trata-se de hipótese de coisa julgada *secundum eventum litis*, como na ação civil pública. Nova demanda poderá ser proposta, desde que o autor apresente prova nova.

Como o fundamento da improcedência repercute na formação da coisa julgada material, para alterá-lo, o réu pode recorrer da sentença de improcedência por insuficiência de provas e obter a coisa julgada material.

Da sentença que julgar a ação popular extinta sem resolução de mérito, ou improcedente, haverá remessa necessária, sem prejuízo de apelação, pelas partes e pelo Ministério Público. A sentença não transitará em julgado enquanto não revista pelo tribunal competente. Contra a sentença de procedência caberá apelação no efeito devolutivo e suspensivo, e contra as decisões interlocutórias cabe agravo de instrumento nas hipóteses dos incisos do art. 1.015.

Mas há uma peculiaridade sobre a legitimidade recursal. Das sentenças e decisões proferidas contra o autor, na ação popular, pode haver recurso de qualquer cidadão e do Ministério Público. Não apenas o autor, mas qualquer cidadão tem legitimidade para recorrer, o que se harmoniza com a permissão de que qualquer um pode ingressar como assistente litisconsorcial do autor (art. 6º, § 5º).

4.9.5. CUMPRIMENTO DE SENTENÇA

Somente a parte condenatória da sentença será passível de execução, porque os comandos declaratórios se cumprem de pronto.

A execução poderá ser por quantia certa, para entrega de coisa, ou de obrigação de fazer ou não fazer, conforme a obrigação imposta no dispositivo da sentença. O procedimento será o do Código de Processo Civil: se for para entrega de coisa ou obrigação de fazer ou não fazer, proceder-se-á na forma dos arts. 538 e 536, e se for por quantia, na dos arts. 523 e s.

O art. 14, § 3º, da Lei de Ação Popular prevê uma forma especial de execução quando o devedor, funcionário público, for condenado a ressarcir os cofres públicos. Poderá ser feita por desconto em folha até o valor integral do débito, desde que essa seja a forma mais conveniente para o interesse público. Por força de lei, permite-se a penhora de vencimentos, o que é vedado no Código de Processo Civil.

Por exigência dos princípios do contraditório e do devido processo legal, o valor descontado do devedor não deverá ser entregue em definitivo ao credor, uma vez que sobre aquele deverá recair a penhora e, sendo intimado, poderá apresentar impugnação. Não fosse assim, o devedor estaria privado da oportunidade de defender-se no cumprimento de sentença por quantia.

A legitimidade para a execução é do autor da ação popular, ou de qualquer cidadão, na forma do art. 6º, § 5º, da Lei de Ação Popular. Qualquer dos entes mencionados no art. 1º que era réu na ação popular, ainda que a tenha contestado, pode promover a execução contra os demais. Na ação popular deve figurar no polo passivo como litisconsorte necessário o ente público cujos interesses tenham sido prejudicados pelo ato impugnado. Ele pode contestar a ação, se entender que o ato é válido, silenciar, ou até atuar do lado do autor, devendo buscar, sempre, aquilo que seja mais útil para o interesse público. Na mesma linha, a Lei de Ação Popular, art. 17, atribui ao ente público legitimidade para promover a execução, ainda que, na fase de conhecimento, ele tenha contestado a ação. Sendo o principal prejudicado pelo ato impugnado, é possível que, na fase de conhecimento, ele tenha defendido a validade do ato, por reputá-lo legal. Mas tendo sido reconhecida a ilegalidade e a lesividade, por sentença transitada em julgado, pode promover a execução.

O Ministério Público terá o dever funcional de promover a execução em 30 dias se, decorridos 60 dias da publicação da sentença condenatória, o autor ou terceiro não o tiverem feito. Ele deve aguardar o transcurso dos 60 dias, não podendo ajuizar a execução. Se o prazo transcorrer *in albis*, será seu dever promovê-la no prazo de 30 dias, sob pena de falta grave.

Quadro sinótico – Ação popular – procedimento

Petição inicial	Art. 319 do CPC. O autor apresentará prova da cidadania: o título de eleitor ou documento a ele correspondente. Há a possibilidade de concessão de liminar (natureza cautelar): cabe agravo de instrumento.
Citação	Pelas formas previstas no CPC. Citação por edital: reservada para as hipóteses previstas no art. 256 do CPC.
Resposta do réu	Contestação: prazo de 20 dias (prorrogável pelo mesmo período quando houver dificuldade na produção de prova documental). Prazo comum, ainda que os litisconsortes tenham advogados diferentes. Não cabe reconvenção.
Sentença	Proferida em 15 dias. Pode ser de resolução de mérito ou extinção sem julgamento de mérito. Haverá remessa necessária da sentença de improcedência ou da que extinguir o processo sem resolução de mérito. Eficácia *ex tunc*. Cabe apelação no efeito devolutivo e suspensivo.
Cumprimento de sentença	Somente a parte condenatória da sentença será passível de execução. Pode ser por quantia certa, entrega da coisa, ou de obrigação de fazer ou não fazer.

5 DO MANDADO DE SEGURANÇA COLETIVO

O art. 5º, LXIX, da CF de 1988 tratou do mandado de segurança, já previsto na Constituição anterior, como mecanismo de proteção de direitos líquidos e certos, não amparados por *habeas corpus* ou *habeas data*, quando o responsável pela ilegalidade ou abuso de poder for autoridade pública ou agente de pessoa jurídica no exercício de atribuições do Poder Público.

No inciso seguinte foi introduzida importante novidade para a defesa dos interesses transindividuais: o mandado de segurança coletivo.

A Constituição tratou do novo mecanismo com parcimônia, ao limitar a legitimidade a "partido político, com representação no Congresso Nacional", e a "organização sindical, entidade de classe ou associação legalmente constituída e em funcionamento há pelo menos um ano, em defesa dos interesses de seus membros ou associados".

O art. 21, *caput*, da Lei n. 12.016/2009 trata da legitimidade para a impetração do mandado de segurança coletivo, atribuindo-a aos mesmos entes mencionados no Texto Constitucional. Mas o faz de forma mais minuciosa:

"O mandado de segurança coletivo pode ser impetrado por partido político com representação no Congresso Nacional, na defesa de seus interesses legítimos relativos a seus integrantes ou à finalidade partidária, ou por organização sindical, entidade de classe ou associação legalmente constituída e em funcionamento há, pelo menos, um ano, em defesa de direitos líquidos e certos da totalidade, ou de parte, dos seus membros ou associados, na forma dos seus estatutos e desde que pertinentes às suas finalidades, dispensada, para tanto, autorização especial".

A essência do mandado de segurança coletivo é a mesma do individual.

Tanto que os requisitos e as finalidades são os mesmos: a defesa de direito líquido e certo violado por autoridade pública ou agente de pessoa jurídica que esteja no exercício de direito público.

A diferença é que, no comum, o interesse defendido é individual, ao passo que, no coletivo, é transindividual. Ganha a economia processual, pois, com apenas um mandado de segurança, poderá ser afastada a ilegalidade que prejudica grande número de pessoas. E afasta-se a possibilidade de decisões conflitantes, que certamente existiriam se, em vez de um só mandado coletivo, houvesse a impetração de numerosos individuais.

Os interesses transindividuais classificam-se em três grupos: difusos, coletivos e individuais homogêneos.

A Lei n. 12.016/2009 afastou a controvérsia sobre quais deles poderiam ser objeto de mandado de segurança coletivo. O art. 21, parágrafo único, estabelece: "Os direitos protegidos pelo mandado de segurança coletivo podem ser: I – coletivos, assim entendidos, para efeito desta Lei, os transindividuais, de natureza indivisível, de que seja titular grupo ou categoria de pessoas ligadas entre si ou com a parte contrária por uma relação jurídica básica; II – individuais homogêneos, assim entendidos, para efeito desta Lei, os decorrentes de origem comum e da atividade ou situação específica da totalidade ou de parte dos associados ou membros do impetrante". A lei não autoriza a defesa de interesses difusos, por meio do mandado de segurança coletivo.

A legitimidade para impetração é extraordinária. Não se trata de mera representação, nem há necessidade de que os titulares dos interesses autorizem o ajuizamento. A Súmula 629 do Supremo Tribunal Federal já afastava a necessidade de autorização, o que agora vem expresso no art. 21, *caput*, da Lei do Mandado de Segurança.

A mesma lei afastou, ainda, a dúvida a respeito de quais os interesses tutelados: em relação aos Partidos Políticos, apenas a defesa de seus interesses legítimos, relativos a seus integrantes ou à finalidade partidária; e em relação às organizações sindicais, entidades de classe ou associações, a defesa dos direitos líquidos e certos da totalidade, ou de parte (Súmula 630 do STF) dos seus membros ou associados, na forma de seus estatutos e desde que pertinentes às suas finalidades.

O art. 22 da Lei n. 12.016/2009 tratou da extensão dos efeitos da sentença: "No mandado de segurança coletivo, a sentença fará coisa julgada limitadamente aos membros do grupo ou categoria substituídos pelo impetrante". O § 1º acrescenta: "O mandado de segurança coletivo não induz litispendência para as ações individuais, mas os efeitos da coisa julgada não beneficiarão o impetrante a título individual se não requerer a desistência de seu mandado de segurança no prazo de 30 dias a contar da ciência comprovada da impetração da segurança coletiva".

Em relação à coisa julgada, uma vez que não se exige autorização especial para impetração, devem-se aplicar as mesmas regras da ação civil pública. Ela há de ser *secundum eventum litis*. Se a ordem for concedida, fará coisa julgada, na forma mencionada no parágrafo acima; se for denegada, não fará coisa julgada material para os substituídos.

Não seria admissível que, em caso de improcedência, ficassem prejudicados os direitos individuais. Não há, entre nós, a exigência de representatividade adequada daquele que proponha a medida. Seria temerário que a improcedência pudesse prejudicar os interesses individuais, quando não há nenhuma garantia de que o impetrante atue como um substituto a contento dos titulares do direito.

Quanto ao procedimento, observar-se-á o estabelecido para o mandado de segurança individual – ressalvadas as peculiaridades acima mencionadas – inclusive quanto ao prazo decadencial de 120 dias para a impetração, a contar da data em que os legitimados têm ciência do ato impugnado. Ultrapassado esse prazo, extingue-se o direito ao *mandamus*. Os processos de mandado de segurança e os respectivos recursos terão prioridade sobre todos os atos judiciais, salvo *habeas corpus*.

Uma particularidade procedimental é que, nos mandados de segurança coletivos, a liminar só poderá ser concedida após a audiência do representante judicial da pessoa jurídica de direito público, que deverá se pronunciar no prazo de 72 horas (art. 22, § 2º, da Lei n. 12.016/2009).

Vale lembrar, por fim, que nos processos de mandado de segurança, individual ou coletivo, não pode haver condenação ao pagamento dos honorários advocatícios, sem prejuízo da aplicação de sanções no caso de litigância de má-fé.

Quadro sinótico – Mandado de segurança coletivo

Legitimidade	Partido político, com representação no Congresso Nacional. Organização sindical, entidade de classe ou associação legalmente constituída e em funcionamento há pelo menos um ano, em defesa dos interesses de seus membros ou associados.
Particularidades	Não cabe MSC para a defesa de interesses difusos.
Extensão da decisão	Quando impetrado por sindicato ou associação poderá beneficiar a totalidade ou parte dos seus membros ou associados.
Coisa julgada	Se a ordem for concedida, fará coisa julgada. Se for denegada por insuficiência de provas, não haverá coisa julgada material.
Súmula 629/STF	A impetração de MSC por entidade de classe em favor dos associados independe da autorização destes.

6 DO MANDADO DE INJUNÇÃO COLETIVO

O mandado de injunção foi previsto no art. 5º, LXXI, da Constituição Federal, que tratou da sua concessão sempre que "falta de norma regulamentadora torne inviável o exercício dos direitos e liberdades constitucionais e das prerrogativas inerentes à nacionalidade, à soberania e à cidadania". A Lei n. 13.300, de 23 de junho de 2016, cujo art. 2º repete o dispositivo constitucional, regulamentou o processamento do mandado de injunção, tanto individual quanto coletivo, suprindo uma omissão que perdurava desde a edição da Constituição Federal de 1988. Antes da lei, o processamento do mandado de injunção observava as regras procedimentais do mandado de segurança, conforme determinava o art. 24, parágrafo único, da Lei n. 8.038/90.

A falta de norma regulamentadora, que dá ensejo à impetração do mandado de injunção, pode ser total ou parcial. Será parcial quando as normas editadas pelo órgão legislador competente forem insuficientes.

Embora antes da lei já se admitisse a impetração do mandado de injunção coletivo, o art. 12 da Lei n. 13.300/2016 afasta qualquer dúvida que ainda pudesse remanescer. De acordo com o parágrafo único desse dispositivo, poderão ser objeto do mandado coletivo os direitos, as liberdades e as prerrogativas que pertençam, indistintamente, a uma coletividade indeterminada de pessoas ou determinada por grupo, classe ou categoria.

Enquanto a legitimidade para a impetração do mandado de injunção individual é atribuída genericamente à pessoa natural ou jurídica que afirma ser titular do direito, da liberdade ou da prerrogativa, que depende de regulamentação, a legitimidade para o mandado coletivo é atribuída a determinados entes, a quem compete a defesa dos interesses coletivos tutelados pelo mandado de injunção. São eles: a) o Ministério Público, quando a tutela requerida for especialmente relevante para a defesa da ordem jurídica, do regime democrático ou dos interesses sociais ou individuais indisponíveis; b) o partido político com representação no Congresso Nacional, para assegurar o exercício de direitos, liberdades e prerrogativas de seus integrantes ou relacionados com a finalidade partidária; c) organização sindical, entidade de classe ou associação legalmente constituída e em funcionamento há pelo menos um ano, para assegurar o exercício de direitos, liberdades e prerrogativas em favor da totalidade ou de parte de seus membros ou associados, na forma de seus estatutos e desde que pertinentes a suas finalidades, dispensada, para tanto, autorização especial; d) a Defensoria Pública, quando a tutela requerida for especialmente relevante para a promoção dos direitos humanos e a defesa dos direitos individuais e coletivos dos necessitados, na forma do inciso LXXIV do art. 5º da Constituição Federal. A legitimidade passiva, tanto no mandado individual quanto no coletivo, é do Poder, órgão ou autoridade competente para a edição da norma regulamentadora.

O procedimento a ser observado pelo mandado coletivo não difere daquele previsto para o mandado individual. A petição inicial deve observar os requisitos dos arts. 319 e 320 do Código de Processo Civil. Se houver documento necessário para instruí-lo, cuja apresentação tenha sido recusada pela repartição ou órgão competente, bastará que lhe seja requerida a exibição, no prazo de dez dias. O requerimento será formulado na própria petição inicial. Caso se verifique, desde logo, que a impetração é manifestamente descabida ou improcedente, se indeferirá de plano o *mandamus*. Se a decisão for proferida pelo relator, caberá agravo interno, em cinco dias para o órgão colegiado.

Caso seja recebida a inicial, será ordenada a notificação do impetrado, a quem será enviada a segunda via da inicial com as cópias dos documentos, para que em dez dias preste as informações. Será ainda dada ciência do ajuizamento da ação ao órgão de representação judicial da pessoa jurídica interessada, com a remessa de cópia da inicial para que, querendo, ingresse no feito.

Findo o prazo de informações, será ouvido o Ministério Público, no prazo de dez dias, e os autos serão então remetidos para decisão. Acolhido o *mandamus*, será determinado prazo razoável para que o impetrado promova a edição da norma regulamentadora. Além disso, serão estabelecidas as condições em que se dará o exercício dos direitos, das liberdades ou das prerrogativas reclamados, ou, se for o caso, as condições em que poderá o interessado promover ação própria visando exercê-los, caso não seja suprida a mora legislativa, no prazo estabelecido para a edição da norma.

A Lei n. 13.300/2016 afastou a dúvida que havia antes de sua edição, a respeito da eficácia da decisão proferida. Nos termos do art. 9º, § 3º, a eficácia subjetiva fica limitada às partes, produzindo efeitos até o advento da norma regulamentadora. Mas a ela poderá ser conferida eficácia *ultra partes* ou *erga omnes* quando isso for inerente ou indispensável ao exercício do direito, da liberdade ou da prerrogativa objeto da impetração.

Já no mandado de injunção coletivo, a decisão fará coisa julgada limitadamente às pessoas integrantes da coletividade, do grupo, da classe ou da categoria substituídos pelo impetrante.

Tanto no mandado individual como no coletivo, a coisa julgada será *secundum eventum litis*, pois não impedirá a renovação do *mandamus* quando houver o indeferimento do pedido por insuficiência de provas, desde que fundado em outros elementos probatórios (art. 9º, § 3º), nem a revisão da decisão, a pedido de qualquer interessado, quando sobrevierem relevantes modificações das circunstâncias de fato ou de direito.

O mandado de injunção coletivo não induz litispendência em relação ao individual, mas os efeitos da coisa julgada não beneficiarão o impetrante que não requerer a desistência da demanda individual no prazo de trinta dias a contar da ciência da impetração coletiva.

Quadro sinótico – Mandado de injunção coletivo

Legitimidade	Ministério Público. Partido político com representação no Congresso Nacional. Organização sindical, entidade de classe ou associação legalmente constituída e em funcionamento há pelo menos um ano. Defensoria Pública.
Particularidades	A falta de norma regulamentadora que dá ensejo ao mandado pode ser total ou parcial.
Conteúdo da decisão	Será determinado prazo razoável para que o impetrado promova a edição da norma regulamentadora. Além disso, serão estabelecidas as condições em que se dará o exercício dos direitos, das liberdades ou das prerrogativas reclamados, ou, se for o caso, as condições em que poderá o interessado promover ação própria visando exercê-los, caso não seja suprida a mora legislativa, no prazo estabelecido para a edição da norma.
Coisa julgada	Se a ordem for concedida, fará coisa julgada, limitada às pessoas integrantes da coletividade, do grupo, da classe ou da categoria substituídos pelo impetrante. Se for denegada por insuficiência de provas, não haverá coisa julgada material.

Título III
DA AÇÃO CIVIL PÚBLICA – INTRODUÇÃO

A ação civil pública deve ser examinada à luz dos institutos fundamentais do processo civil: jurisdição, ação, defesa e processo. E segundo suas peculiaridades.

Em seguida, serão estudados aspectos referentes à competência, às condições da ação, em especial a legitimidade, os seus elementos e, por fim, o procedimento. No texto, as expressões "ação civil pública" e "ação coletiva" foram usadas indistintamente. Há alguma divergência sobre o nome mais adequado, se um ou outro, mas a questão é inócua. A lei brasileira refere-se à ação civil pública, e esse foi o nome que se consagrou, embora não fosse tecnicamente o mais adequado. É que tal expressão surgiu, na doutrina, por oposição à "ação penal pública", isto é, aquela ajuizada pelo Ministério Público. Como nem sempre ela o é, teria sido mais apropriado denominá-la ação coletiva. Mas como a lei brasileira fez uso do outro nome, ambos poderão ser usados indistintamente.

Capítulo I

DA COMPETÊNCIA

7 INTRODUÇÃO

O art. 2º da Lei da Ação Civil Pública (Lei n. 7.347/85) estabelece a regra geral de competência para as ações que versem sobre interesses difusos e coletivos: "As ações previstas nesta Lei serão propostas no foro do local onde ocorrer o dano, cujo juízo terá competência funcional para processar e julgar a causa". O art. 93 do Código de Defesa do Consumidor trata da competência para as ações fundadas em interesses individuais homogêneos, dispondo que: "Ressalvada a competência da Justiça Federal, é competente para a causa a justiça local: I – no foro do lugar onde ocorreu ou deva ocorrer o dano, quando de âmbito local; II – no foro da Capital do Estado ou no do Distrito Federal, para os danos de âmbito nacional ou regional, aplicando-se as regras do Código de Processo Civil nos casos de competência concorrente".

Em ambas as leis, a competência é do foro do local do dano, mas com uma diferença. A Lei da Ação Civil Pública (que trata dos interesses difusos e coletivos) fala expressamente em competência funcional, portanto absoluta, enquanto o Código de Defesa do Consumidor (que trata dos interesses individuais homogêneos) nada menciona, o que leva a concluir que a competência é territorial e relativa, podendo ser objeto de modificação por prorrogação, conexão e continência, mas não por eleição de foro, pois os autores da ação são legitimados extraordinários e não podem transigir sobre isso. Esse entendimento, que nos parece o mais acertado, não é, porém, unânime, pois há respeitável entendimento doutrinário no sentido de que, diante do sistema de integração entre o Código do Consumidor e a Ação Civil Pública, a regra do art. 2º desta teria sua aplicação estendida àquele, tornando absoluta a competência mesmo que o objeto da ação seja a defesa de interesse individual homogêneo.

Em resumo, tanto os direitos difusos e coletivos como os individuais homogêneos devem ser defendidos no foro do local do dano. No entanto, essa regra é absoluta para os dois primeiros, e, a nosso ver, relativa para o terceiro.

A *ratio* da regra geral é que, no local do dano, é mais fácil fazer a instrução e colher as provas. Caso o dano não tenha ainda ocorrido, a ação terá caráter preventivo, e a competência será a do local em que há maior potencialidade de o evento danoso acontecer.

Estabelecido que a competência é a do local do dano, é preciso examinar se a demanda correrá perante a Justiça Estadual ou Federal. Aplicam-se as regras do art. 109 da Constituição Federal. Serão da Justiça Federal as causas que tiverem a participação ou intervenção da União, ou suas entidades autárquicas, suas fundações públicas ou empresas públicas.

Há casos em que o dano não atinge uma comarca determinada, mas estende-se por várias, por toda uma região, por muitos Estados ou por todo o território nacional.

O art. 93, II, do Código de Defesa do Consumidor estabelece que, se o dano for de âmbito nacional ou regional, será competente o foro da capital do Estado ou do Distrito Federal. Esse dispositivo versa sobre os interesses individuais homogêneos relacionados às relações de consumo. Mas deve ser aplicado, por analogia, também aos difusos e coletivos, seja qual for o tema com que se relacionem.

Se o dano atinge apenas algumas comarcas, bem determinadas, a competência será de qualquer uma delas, por prevenção. Se abrange toda uma região, isto é, estende-se por todo o Estado ou boa parte dele, a demanda deve ser proposta na respectiva capital; se abrange dois Estados, na capital de qualquer um deles, por prevenção; e se atinge todo o território nacional, no Distrito Federal ou em qualquer das capitais dos Estados, concorrentemente.

Resumindo:

a) se o dano for de âmbito local, a competência será do lugar da sua ocorrência ou onde poderá ocorrer, sendo absoluta, no caso dos interesses difusos e coletivos, e relativa, no dos individuais homogêneos;

b) se o dano for de âmbito regional, a competência será da capital do Estado em que ocorreu, e se nacional, do Distrito Federal ou de qualquer das capitais;

c) em caso de competência concorrente, serão aplicadas as regras gerais do Código de Processo Civil;

d) se houver participação ou intervenção dos entes mencionados no art. 109, I, da Constituição Federal, a competência será deslocada para a Justiça Federal do local do fato ou da Capital do Estado ou do Distrito Federal;

e) se não houver Justiça Federal na Comarca do local do dano, ou onde a ação civil deva ser proposta, a competência será da Vara Federal da seção judiciária em que o dano ocorreu, isto é, a Vara Federal que tenha competência para julgar os casos relacionados àquela região. A princípio, entendeu o Superior Tribunal de Justiça que, não havendo Vara Federal na Comarca, seria aplicável o art. 109, § 3º, da Constituição Federal, conforme a Súmula 183: "Compete ao Juiz Estadual, nas comarcas que não sejam sede de vara da Justiça Federal, processar e julgar ação civil pública, ainda que a União figure no processo".

Mas o art. 109, § 3º, só atribuiu competência supletiva à Justiça Estadual na falta da Federal, quando houver lei que o determine, o que não era o caso. Por isso, foi revogada a Súmula 183 do Tribunal. Se não houver Vara Federal no local do dano, a demanda será ajuizada em Vara Federal da região correspondente.

8 LIMITAÇÕES À COMPETÊNCIA (LEI N. 9.494/97)

A Lei n. 9.494/97 deu nova redação ao art. 16 da Lei da Ação Civil Pública: "A sentença civil fará coisa julgada *erga omnes*, nos limites da competência territorial do órgão prolator, exceto se o pedido for julgado improcedente por insuficiência de provas, hipótese em que qualquer legitimado poderá intentar outra ação com idêntico fundamento, valendo-se de nova prova".

Restringiu-se a eficácia da sentença aos limites da competência territorial do julgador. Desde que editado, o dispositivo tem sofrido inúmeras e merecidas críticas.

Se um juiz estadual prolatar sentença em ação civil pública, a sua eficácia não poderá ultrapassar os limites do Estado em que ele exerce a sua função. Isso não se harmoniza com o sistema de tutela de interesses coletivos *lato sensu*, e revela um completo desconhecimento dos mecanismos de tutela coletiva. O legislador confundiu competência e coisa julgada. Embora a competência do juiz estadual esteja limitada ao Estado em que ele judique, a coisa julgada poderá estender-se para todos os titulares do interesse violado, estejam ou não domiciliados naquela unidade da Federação. A Lei n. 9.494/97 não tolera que um juiz com competência local possa prolatar sentença com eficácia para todo o território nacional, como se, com isso, ele estivesse desbordando dos seus poderes. Nada mais equivocado, porque a coisa julgada nada tem que ver com a competência.

Além disso, houve alteração do art. 16 da Lei da Ação Civil Pública, mas não do Código de Defesa do Consumidor, que mantém com a primeira uma relação de mútua integração.

Quando a ação versar sobre interesse difuso e coletivo, será impossível limitar a eficácia da coisa julgada, porque eles são indivisíveis, e a decisão não pode valer para os habitantes de um Estado e não de outro.

A aplicação do art. 16 obrigaria ao ajuizamento de mais de uma ação civil pública sobre o mesmo tema, quando o dano se estendesse a mais de um Estado, o que traria o risco inafastável de decisões conflitantes.

Por isso, ele é inócuo e não pode ser aplicado. Não há como limitar os efeitos da decisão que, por força do que dispõe o Código de Defesa do Consumidor, ainda em vigor, e aplicável supletivamente, valerá para todos os que se encontram na situação objetiva discutida no litígio, isto é, para todos os titulares do interesse transindividual, sendo irrelevante onde tenham domicílio.

O Superior Tribunal de Justiça, por sua Corte Especial, decidiu, no REsp 1.243.887-PR, de 19 de outubro de 2011, Rel. Min. Luis Felipe Salomão, revendo orientação anterior, que a eficácia da sentença proferida em ação coletiva não está sujeita aos limites territoriais de competência da autoridade que proferiu a decisão, mas aos limites objetivos e subjetivos do que foi decidido.

9 CASOS ESPECIAIS DE COMPETÊNCIA

As regras gerais de competência são aquelas estabelecidas no art. 2º da Lei da Ação Civil Pública e no art. 93 do Código de Defesa do Consumidor. Mas há casos especiais que merecem ser analisados.

No art. 101, I, do Código de Defesa do Consumidor há regra específica para as ações de responsabilidade civil do fornecedor de produtos ou serviços, que devem ser ajuizadas no foro de domicílio do autor. Embora pareça referir-se exclusivamente às ações individuais, não há razão para não aplicá-la também às coletivas.

Outra regra específica é a prevista no Estatuto da Criança e do Adolescente. A competência para o julgamento das ações civis públicas que versem sobre interesses de crianças e adolescentes é da Vara da Infância e Juventude do local onde ocorreu a ação ou omissão. Se o dano for regional ou nacional, aplicar-se-á por analogia o art. 93, II, da lei consumerista. Nos casos do art. 109, I, da Constituição Federal, a competência será da Justiça Federal.

As ações que versam sobre interesses regulados pelo Estatuto do Idoso serão ajuizadas no local em que ele tiver domicílio, salvo competência da Justiça Federal ou dos Tribunais Superiores.

10 MODIFICAÇÃO DE COMPETÊNCIA

São quatro as causas de modificação: a prorrogação, a derrogação, a conexão e a continência. Elas só se aplicam aos casos de competência relativa. Não se modifica a absoluta. A conexão e a continência são tratadas em capítulo próprio (v. Título III, Capítulo III, item 17).

A prorrogação ocorre quando o réu não argui a incompetência relativa como preliminar de contestação. A matéria preclui se o réu não reclamar na contestação.

A competência para as ações civis públicas em que se discutem interesses coletivos e difusos é absoluta (o art. 2º da LACP a ela se refere como funcional); quanto àquelas que discutem interesses individuais homogêneos, é relativa a competência, por falta de previsão legal em contrário. Somente estas estão sujeitas a prorrogação.

A derrogação de competência é feita por eleição de foro. Mas tal possibilidade inexiste nas ações civis públicas porque a cláusula de eleição pressupõe um contrato celebrado, no qual ela tenha sido fixada por transigência das partes. Como os titulares da ação são legitimados extraordinários, pois defendem direitos que não lhes pertencem, mas à categoria, classe ou grupo, inviável que transijam, o que torna inconcebível a eleição de foro.

Quadro sinótico

Competência	a) local do dano: a competência será do lugar da sua ocorrência ou onde poderá ocorrer. Será absoluta no caso dos interesses difusos e coletivos, e relativa, no dos individuais homogêneos; b) dano de âmbito regional: a competência será da capital do Estado em que ocorreu, e se nacional, do Distrito Federal ou de qualquer das capitais; c) competência concorrente: aplicação das regras gerais do CPC; d) participação ou intervenção dos entes mencionados no art. 109, I, da CF: a competência será deslocada para a Justiça Federal do local do fato ou da capital do Estado ou do Distrito Federal. Não havendo Justiça Federal na Comarca do local do dano, ou onde a ação civil deva ser proposta, a competência será da Vara Federal da seção judiciária em que o dano ocorreu, isto é, a Vara Federal que tenha competência para julgar os casos relacionados àquela região.
Casos Especiais	**CDC – art. 101, I:** ações de responsabilidade civil do fornecedor de produtos ou serviços, que devem ser ajuizadas no foro de domicílio do autor. **ECA:** a competência para o julgamento das ações civis públicas que versem sobre interesses de crianças e adolescentes é da Vara da Infância e Juventude do local onde ocorreu a ação ou omissão. Se o dano for regional ou nacional, aplicar-se-á por analogia o art. 93, II, da lei consumerista. Nos casos do art. 109, I, da Constituição Federal, a competência será da Justiça Federal. **Estatuto do Idoso:** as ações serão ajuizadas no local em que ele tiver domicílio, salvo competência da Justiça Federal ou dos Tribunais Superiores.

Capítulo II

DAS CONDIÇÕES DA AÇÃO

11 LEGITIMIDADE *AD CAUSAM*

11.1. INTRODUÇÃO

Estabelece o art. 18 do Código de Processo Civil que a ninguém é dado ir a juízo, em nome próprio, pleitear direito alheio, salvo quando autorizado pelo ordenamento jurídico.

A regra é a de que só se pode ir a juízo para postular direito próprio. Deve haver pertinência entre o direito invocado em juízo e a titularidade para defendê-lo.

O Código de Processo Civil admite que o ordenamento jurídico possa criar exceções à regra, permitindo que, em determinadas situações, se possa ir a juízo em nome próprio para pleitear direito alheio.

Pode-se admitir, no Processo Civil, a existência do campo da normalidade, em que as pessoas vão a juízo para pleitear direitos que alegam pertencer-lhes; e o da anormalidade, em que vão a juízo em nome próprio, isto é, como partes, para postular direito alheio. No primeiro haverá legitimidade ordinária e no segundo, extraordinária.

Nas ações para a tutela de interesses transindividuais, a questão da legitimidade assume uma importância crucial. Tais interesses não pertencem a uma ou algumas pessoas específicas, mas, na sua totalidade, a um grupo, uma classe ou categoria de pessoas, que ora podem ser determinadas ou determináveis, ora não.

Atribuiu-se legitimidade a determinados entes para promover, em nome próprio, a defesa desses interesses. Essa foi a forma mais eficaz de aglutinar ou "molecularizar" os interesses transindividuais, de tal forma pulverizados ou "atomizados" que a sua defesa em juízo era inviável.

A legitimidade destes erige-se em requisito de viabilidade para a tutela coletiva. Discute-se se ela é ordinária ou extraordinária.

11.2. LEGITIMIDADE ORDINÁRIA OU EXTRAORDINÁRIA

Grande controvérsia existe a respeito da natureza da legitimidade dos titulares da ação civil pública. As dificuldades para classificá-la decorrem de que as categorias tradicionais foram formuladas tendo por objeto direitos cujos titulares são pessoas determinadas ou determináveis.

Entre os direitos coletivos *lato sensu*, apenas os individuais homogêneos se caracterizam por sua divisibilidade, sendo possível considerá-los feixes de interesses individuais. Quanto a eles, a legitimidade atribuída aos entes para a ação coletiva só pode ser considerada extraordinária. O autor estará em nome próprio postulando em juízo direito ou interesse alheio.

A questão é mais complexa com os interesses coletivos e difusos. Os coletivos, apesar de terem titulares determinados ou determináveis, são indivisíveis, o que significa que eles não se confundem com a soma dos interesses individuais isoladamente considerados. Tanto que, na ação civil pública, para defendê-los, a sentença atingirá a todos os que tenham a mesma relação jurídica base (de observar-se, porém, que o Plenário do Supremo Tribunal Federal, no julgamento do RE n. 612.043 – PR, Rel. Min. Marco Aurélio, de 10 de maio de 2017, decidiu que, no caso de ação civil pública ajuizada por associação, a sentença de procedência só beneficiará os associados, residentes no território de jurisdição do órgão julgador, e que já tinham a condição de filiados antes ou até a data da propositura da ação, reconhecida a constitucionalidade do art. 2º-A, da Lei n. 9.494/97). O interesse coletivo só pode ser defendido por ações coletivas. Se cada um dos interessados propuser ação para discutir a sua relação jurídica base, haverá apenas um aglomerado de ações individuais, mas não uma demanda versando interesse coletivo. Por isso, a titularidade para defendê-lo só pode ser atribuída a determinados entes que tenham essa finalidade.

Com os interesses difusos, a perplexidade é ainda maior, porque eles não têm titular determinado ou determinável. A sua defesa jamais poderia ser feita individualmente, mas apenas por entidades ou instituições a quem a lei cominasse tal atribuição.

Para alguns doutrinadores, em razão disso, a legitimidade para o ajuizamento da ação coletiva em defesa de interesses difusos ou coletivos deve ser considerada ordinária. A extraordinária pressupõe que há alguém que teria legitimidade ordinária para propor a demanda, mas que, por força de lei, é substituído por outro. No entanto, ninguém, além das instituições previstas em lei, poderia defender esses interesses, porque estes estão pulverizados entre um grupo determinado ou indeterminado de pessoas.

A sua defesa não pertence a ninguém mais senão aos entes, que têm função institucional de promovê-la, tais como o Ministério Público, as pessoas jurídicas de direito público e as associações constituídas com essa finalidade. Tome-se como exemplo a defesa do meio ambiente. Ela não compete a nenhuma pessoa individualmente considerada, mas a certos órgãos que têm, entre suas finalidades institucionais, essa defesa. Não houve, portanto, substituição processual. A lei não transferiu a legitimidade de uma pessoa para outra.

Em oposição, há os que sustentam a legitimidade extraordinária, sob o argumento de que o interesse que está sendo postulado em juízo não pertence diretamente aos entes, mas ao grupo, categoria ou classe de pessoas. Só se pode falar na legitimidade ordinária quando o agente vai a juízo em nome próprio para postular direito que ele alega pertencer-lhe. Não é o que ocorre nas ações coletivas, em que os entes legitimados postulam direitos ou interesses que pertencem a um grupo de pessoas ou a toda a coletividade.

Tanto que a coisa julgada se estende *erga omnes* ou *ultra partes*, não se limitando apenas aos participantes da ação, coisa que só poderia ocorrer no campo da legitimidade extraordinária.

Há ainda uma terceira posição doutrinária: a de que as categorias tradicionais pertencem ao processo civil em que se discutem apenas interesses individuais, e não podem ser aplicadas aos interesses coletivos. Para esses, haveria uma legitimidade "anômala".

Parece-nos que a última teoria não ajuda, mas, criando uma nova categoria, torna a questão ainda mais complexa. É forçoso admitir que existem certas peculiaridades da legitimidade para a tutela coletiva que não permitem que seja classificada, confortavelmente, em nenhuma das duas categorias tradicionais. Contudo, não nos parece que seja caso de criar, por isso, uma terceira possibilidade.

Entendemos que a legitimidade se aproxima mais da extraordinária porque não há coincidência entre a titularidade do interesse e a sua defesa em juízo.

Entre as funções institucionais dos entes, está a postulação judicial desses direitos, que pertencem a todo o grupo, categoria ou classe e encontram-se pulverizados entre um grande número de pessoas. Para facilitar o acesso à justiça é que a lei atribui a legitimidade extraordinária a tais entes. E a extensão da coisa julgada assim o demonstra. No campo da legitimidade ordinária, ela não poderia ultrapassar as partes. Nas ações civis públicas, a eficácia da coisa julgada é *erga omnes* e *ultra partes*. Forçoso reconhecer, no entanto, que no caso das associações, e a partir do julgamento do Plenário do STF no RE n. 612.043, a legitimidade, uma vez restrita a extensão dos benefícios da coisa julgada apenas aos filiados que já o eram à data da propositura da ação, e no âmbito da competência do órgão jurisdicional, tornou-se mais próxima da ordinária, já que a Corte Suprema entendeu que a associação age, na verdade, como uma espécie de representante dos filiados.

11.3. DOS LEGITIMADOS

A relação dos legitimados para a ação civil pública resulta da integração entre a Lei da Ação Civil Pública e o Código de Defesa do Consumidor. São cinco os legitimados pela Lei da Ação Civil Pública: **a)** o Ministério Público; **b)** a Defensoria Pública; **c)** a União, os Estados, os Municípios e o Distrito Federal; **d)** as autarquias, empresas públicas, fundações públicas e sociedades de economia mista; **e)** as associações civis constituídas há mais de um ano e que incluam, entre suas finalidades institucionais, a proteção ao interesse coletivo objeto da demanda.

O Código de Defesa do Consumidor, em seu inciso III, art. 82, ainda atribui legitimidade para "as entidades e órgãos da administração pública, direta ou indireta, ainda que sem personalidade jurídica, especificamente destinados à defesa dos interesses e direitos protegidos por este Código". Embora o aludido diploma regule as relações de consumo, como o sistema é integrado com o da Lei da Ação Civil Pública, a legitimidade por ele atribuída estende-se à defesa de todos os demais interesses coletivos. A legitimidade entre os diversos entes é concorrente e disjuntiva. Concorrente, porque cada um deles pode propor a ação; e disjuntiva, porque não há necessidade de que eles venham juntos a juízo. Cada qual pode fazê-lo individualmente.

Nada impede que mais de um legitimado proponha ação, em litisconsórcio ativo. Porém, ele será sempre facultativo, e não necessário.

A legitimidade atribuída a tais entes não obsta a individual de eventuais lesados para o ajuizamento de ação própria que objetiva o ressarcimento dos danos sofridos. Por exemplo, os interesses individuais homogêneos decorrentes de danos causados por veículo vendido com defeito de fabricação, que provocou numerosos acidentes. É possível aos legitimados da Lei da Ação Civil Pública e do Código de Defesa do Consumidor ajuizar ações coletivas que beneficiarão todas as vítimas. A sentença de procedência proferida na ação civil pública terá eficácia *erga omnes*. Mas qualquer das vítimas pode ajuizar ação individual, para postular o seu direito (nunca a coletiva, buscando o ressarcimento de todas).

Em seguida, será examinado, separadamente, cada um dos legitimados para o ajuizamento da ação civil pública.

11.3.1. MINISTÉRIO PÚBLICO

A Constituição Federal, no art. 127, atribuiu ao Ministério Público o caráter de instituição permanente, essencial à função jurisdicional do Estado, incumbido da defesa da ordem jurídica, do regime democrático e dos interesses sociais e individuais indisponíveis. É destinação institucional do *Parquet* a tutela dos interesses coletivos.

Diante da proliferação das relações de massa, o Ministério Público passa a ser destinatário natural de novas atribuições. Para exercer seu mister, goza de garantias de autonomia administrativa, financeira e funcional, e seus membros têm as mesmas prerrogativas dos juízes: vitaliciedade, inamovibilidade e irredutibilidade de vencimentos. Seus princípios institucionais, fixados na Constituição Federal, são a autonomia funcional, a unidade e a indivisibilidade. A unidade, porque os promotores de um Estado integram um só órgão sob a direção de um só chefe; e a indivisibilidade, pois seus membros podem ser substituídos uns pelos outros, segundo a forma estabelecida em lei.

O Ministério Público pode atuar, nas ações civis públicas, em duas qualidades: autor ou fiscal da lei.

11.3.1.1. O Ministério Público como autor

Incumbe-lhe a defesa, em juízo, dos interesses coletivos, *lato sensu*. Nos termos dos arts. 81, parágrafo único, e 82, I, do Código de Defesa do Consumidor, e do art. 5º da Lei da Ação Civil Pública, caberá ao

Ministério Público defender, concorrentemente, os interesses difusos, coletivos e individuais homogêneos.

Discute-se se haveria discricionariedade do Ministério Público na propositura da ação, ou se o regime é o da obrigatoriedade. Parece-nos que compete à própria instituição verificar, fundamentadamente, se estão preenchidos os requisitos que a justificariam. Assim, o representante do *Parquet* não poderá ser penalizado se optar pela não propositura, salvo quando se verificar que agiu dolosamente. Além disso, não se pode falar em discricionariedade, que pressupõe o exame de conveniência e oportunidade, que o Ministério Público está impedido de fazer. Se houver interesse público e elementos suficientes para a propositura da demanda, ele não pode optar por não o fazer. A situação assemelha-se à do juiz, ao apreciar, por exemplo, uma tutela de urgência. Cumpre-lhe verificar se estão preenchidos os requisitos. Ao fazê-lo, tem uma certa margem de avaliação, cabendo-lhe sopesar os argumentos favoráveis e contrários. Se concluir pela concessão da medida invocada, o juiz deverá assim proceder, não podendo deixar de o fazer por razões de conveniência e oportunidade.

A não propositura está sujeita a controle pelos órgãos superiores da própria Instituição. Requerido o arquivamento do inquérito civil, o promotor deverá remetê-lo, no prazo de 3 dias, ao Conselho Superior do Ministério Público, para reexame necessário.

Controverte-se sobre a legitimidade do Ministério Público para a defesa dos interesses individuais homogêneos. O Código de Defesa do Consumidor, no art. 82, I, c/c o art. 81, III, a menciona. Mas parte da doutrina entende que ela seria ofensiva à destinação natural do órgão, conforme prevista pela Constituição Federal. Seria inconstitucional a norma do Código de Defesa do Consumidor que atribui legitimidade ao *Parquet* para a defesa dos interesses individuais homogêneos.

No Estado de São Paulo, frequentemente os promotores têm deixado de oficiar em ações civis públicas que versam sobre interesses dessa natureza, aduzindo que isso fere sua destinação institucional. O Conselho Superior do Ministério Público de São Paulo, porém, editou a Súmula 7, segundo a qual "O Ministério Público está legitimado à defesa de interesses ou direitos individuais homogêneos de consumidores ou de outros, entendidos como tais os de origem comum, nos termos do art. 81, III, c/c o art. 82, I, do CDC, aplicáveis estes últimos a toda e qualquer ação civil pública, nos termos do art. 21 da LAC 7.347/85, que tenham relevância social, podendo esta decorrer, exemplificativamente, da natureza do interesse ou direito pleiteado, da considerável dispersão de lesados, da condição dos lesados, da necessidade de garantia de acesso à Justiça, da conveniência de se evitar inúmeras ações individuais, e/ou de outros motivos relevantes".

O Ministério Público só está legitimado para a defesa dos interesses individuais homogêneos, que sejam também indisponíveis ou de tal vulto que tenham relevância social, como ocorre nos exemplos apontados na referida Súmula 7. Com exceção desses casos, não há motivo para a sua participação, seja como autor, seja como fiscal da ordem jurídica.

Por interesses indisponíveis devem ser entendidos aqueles referentes a valores imprescindíveis para a sobrevivência e o desenvolvimento da pessoa humana, e para o bem da coletividade. Por exemplo, o *Parquet* não participará de ação indenizatória decorrente de danos a alguns consorciados, por cobrança de quantia indevida, porque o interesse discutido não lhe diz respeito. Mas se a ação objetivar a defesa de interesses difusos e coletivos, a participação do Ministério Público será sempre obrigatória.

Há, no entanto, corrente doutrinária que sustenta sua atuação apenas no caso de interesses difusos. Em se tratando de interesses coletivos em sentido estrito, seria aplicável o mesmo critério relativo aos individuais homogêneos, cabendo ao representante do *Parquet* examinar a relevância ou repercussão social do que se discute.

Parece-nos que essa análise deve ficar restrita às ações que versem sobre interesse individual homogêneo, porque a proteção de interesses difusos e coletivos decorre de atribuição constitucional direta (art. 129, III, da CF).

Tem sido inegável a contribuição do Ministério Público para a defesa dos interesses transindividuais. Uma verificação ainda que superficial mostra que a maioria das ações civis públicas é por ele proposta, com resultados admiráveis, em defesa da coletividade.

O STF reconhece ao Ministério Público legitimidade para promover ação civil pública em caso de ilegalidade de reajuste de mensalidades escolares (Súmula 643), e o STJ, a legitimidade para promover ações em defesa do patrimônio público (Súmula 329). Em contrapartida, não se lhe reconhece legitimidade para pleitear indenização decorrente do DPVAT em benefício do segurado (Súmula 470 do STJ).

11.3.1.2. O Ministério Público como fiscal da lei

O art. 5º, § 1º, da Lei da Ação Civil Pública estabelece que "o Ministério Público, se não intervier no processo como parte, atuará obrigatoriamente como fiscal da lei". Isso não significa que ele, quando propõe a demanda, não zele pelo cumprimento das normas. Mas quando a demanda é proposta por outro legitimado, é indispensável a sua participação para fiscalizar o processamento.

Há duas razões que justificam a intervenção do Ministério Público no processo civil em geral: a qualidade da parte ou a natureza da matéria discutida. Há casos em que sua atuação se justifica porque um dos litigantes ou intervenientes é, presumivelmente, mais fraco, e a sua função é restaurar o equilíbrio. É o que ocorre, por exemplo, quando há um incapaz cujos interesses são zelados pelo Ministério Público. Isso, no entanto, não o obriga a defender os que sejam ofensivos à lei. O promotor deve verificar se os interesses legítimos do incapaz estão adequadamente protegidos.

Quando intervém em razão da natureza da lide, a atuação ministerial não favorece nenhuma das partes, mas busca salvaguardar o interesse que justificou a sua intervenção.

No caso da ação civil pública, o Ministério Público, enquanto fiscal da ordem jurídica, não precisa manifestar-se sempre a favor do autor da ação. Sua atuação não é vinculada, mas livre, cabendo-lhe manifestar-se de acordo com a sua convicção. Nesse caso, não atua como assistente da parte nem como substituto processual, devendo observar os princípios da autonomia e independência funcional.

A razão para que o *Parquet* intervenha é a necessidade de fiscalização do andamento do processo, que se faz necessária em virtude da legitimidade extraordinária dada a determinados entes. Haveria, por exemplo, o risco de a entidade autora exigir vantagens pessoais em troca de uma eventual desistência ou abandono da causa, ou ainda para não dar ao processo o andamento adequado.

Só há necessidade de intervenção do promotor como *custos legis* quando a demanda não for ajuizada por ele. Mesmo quando é autor, ele não abre mão da sua condição de guardião da lei, mas não há necessidade de participação plúrima no processo.

11.3.2. DEFENSORIA PÚBLICA

A Lei n. 11.448/2007 alterou o art. 5º da Lei de Ação Civil Pública, passando a atribuir expressamente à Defensoria Pública legitimidade para propor ação civil pública. Com isso, afastou as dúvidas que havia a respeito. Antes da lei já havia forte corrente doutrinária sustentando que o rol legal não era taxativo, e que mesmo sem aludir à Defensoria, ela seria uma das legitimadas.

Na forma como está redigido o dispositivo legal, tem-se a impressão de que não haveria nenhuma limitação a tal legitimidade. Mas é preciso interpretá-lo em consonância com a destinação constitucional e a finalidade específica dessa instituição, que é dada no art. 5º, LXXIV, da CF. A função da Defensoria é prestar assistência judiciária integral e gratuita aos que comprovarem insuficiência de recursos.

Sendo essa a sua finalidade, discute-se sobre a possibilidade de a Defensoria propor ação civil pública em defesa de interesses difusos, já que estes não têm titulares determinados, e a atribuição seria a defesa de titulares carentes.

A questão foi examinada pelo STF, pois o CONAMP ajuizou a ADI 3.943, sustentando a impossibilidade de a Defensoria Pública ajuizar a ação civil pública sem restrições, diante da sua função institucional, que exige que os beneficiários sejam identificáveis, para que se verifique se são ou não carentes.

A ADI foi julgada improcedente, por unanimidade, pelo Plenário do STF em 7 de maio de 2015, ficando reconhecida a plena legitimidade da Defensoria para o ajuizamento das ações civis públicas.

11.3.3. ENTES DA ADMINISTRAÇÃO PÚBLICA DIRETA E INDIRETA

O art. 5º da LACP atribui legitimidade à União, aos Estados, aos Municípios e ao Distrito Federal para o ajuizamento de ações civis públicas. E também às autarquias, empresas públicas, fundações públicas, sociedades de economia mista e associações que preencherem os requisitos da pré-constituição e da pertinência temática. O texto do dispositivo poderia trazer dúvidas sobre se tais requisitos seriam apenas das associações ou também das entidades de administração indireta.

Quanto ao requisito da pré-constituição, parece-nos que só as associações civis devem preenchê-lo, sendo desnecessário para as entidades de administração direta ou indireta. Já o da pertinência temática é exigido também para os órgãos da administração indireta. Por força do princípio da especialidade, eles só podem ajuizar ações civis públicas que estejam relacionadas com as suas funções. Uma estatal criada para prestar serviços de saúde não pode promover ação civil pública para a defesa dos consumidores dos serviços de telefonia porque estaria se desviando das funções para as quais foi criada.

Os entes estatais só podem propor ação que verse sobre danos que lhes digam respeito, sob pena de carecerem de interesse de agir. Se o dano se limitou ao Estado de São Paulo, a demanda não poderá ser proposta por outra unidade da Federação. O mesmo vale no âmbito municipal. Se o dano, porém, ocorrer em vários Estados, qualquer um deles poderá fazê-lo.

Apesar da atribuição que lhes foi concedida, na prática são raras as ações civis públicas ajuizadas pelos entes estatais.

11.3.4. ASSOCIAÇÕES CIVIS

Ao contrário dos demais legitimados, devem as associações civis preencher certos requisitos indispensáveis para que tenham representatividade adequada. São eles: serem constituídas há mais de um ano; haver pertinência entre a finalidade institucional da associação e o interesse coletivo que visa defender na ação civil pública.

Conta-se o prazo de um ano do registro da associação no Cartório de Registro Civil das Pessoas Jurídicas, e deve estar preenchido na data do ajuizamento da demanda.

A finalidade é impedir que associações sejam criadas com a intenção de propor determinada ação civil pública específica.

O § 4º do art. 5º da Lei da Ação Civil Pública faz uma ressalva: "O requisito da pré-constituição poderá ser dispensado pelo juiz, quando haja manifesto interesse social evidenciado pela dimensão ou característica do dano, ou pela relevância do bem jurídico a ser protegido".

Esse interesse social não se confunde com o interesse coletivo, que é condição *sine qua non* para o ajuizamento da ação civil pública. Por interesse social deve-se entender aquele que, de acordo com o juiz, vá ao encontro dos interesses relevantes para a comunidade.

Valeu-se o legislador de expressões vagas, que deverão ser integradas pelo juiz, no caso concreto. Cumpre a ele verificar se a dimensão ou característica do dano, ou a relevância do bem jurídico justificam a dispensa da pré-constituição.

O segundo requisito é o da pertinência entre a finalidade institucional da associação e o objeto da ação civil pública. Em regra, a finalidade das associações civis é genérica. Por exemplo: a defesa do consumidor ou a proteção do meio ambiente. É preciso que, de alguma forma, o objeto da ação civil pública esteja relacionado à finalidade institucional.

Não se exige o requisito da pertinência temática do Ministério Público, nem da União, Estados, Municípios ou Distrito Federal.

Mas os entes da Administração Pública indireta, aos quais a lei atribui objetivo específico, não serão legitimados a propor ação civil pública para a defesa de outro interesse. Essa restrição não advém de exigências da LACP, mas são de natureza administrativa: as entidades estatais devem agir no âmbito de seus objetos sociais.

O art. 2º-A da Lei n. 9.494/97 acrescentou outras exigências a serem observadas pela associação civil, por ocasião do ajuizamento da ação civil pública: "A sentença civil prolatada em ação de caráter coletivo proposta por entidade associativa, na defesa dos interesses e direitos dos seus associados, abrangerá apenas os substituídos que tenham, na data da propositura da ação, domicílio no âmbito da competência territorial do órgão prolator". E o parágrafo único acrescenta: "Nas ações coletivas propostas contra a União, os Estados, o Distrito Federal, os Municípios e suas autarquias e fundações, a petição inicial deverá obrigatoriamente estar instruída com a ata da assembleia da entidade associativa que a autorizou, acompanhada da relação nominal dos seus associados e indicação dos respectivos endereços".

Discutia-se sobre a constitucionalidade desse dispositivo, e sobre os limites subjetivos da coisa julgada na ação coletiva ajuizada pela associação civil. Mas o Plenário do Supremo Tribunal Federal, no julgamento do RE n. 612.043 – PR, Rel. Min. Marco Aurélio, de 10 de maio de 2017, decidiu que, no caso de ação civil pública ajuizada por associação, a sentença de procedência só beneficiará os associados, residentes no território de jurisdição do órgão julgador, e que já tinham a condição de filiados antes ou até a data da propositura da ação, reconhecida a constitucionalidade do art. 2º-A, da Lei n. 9.494/97. Embora a decisão tenha sido proferida não em ação civil pública, mas em ação coletiva ordinária, a solução há de ser a mesma. Assim, reconhecida a constitucionalidade do art. 2º-A da Lei n. 9.494/97, apenas os filiados à data da propositura da ação e no âmbito de competência do órgão julgador serão beneficiados pela sentença de procedência.

É indispensável que a associação tenha obtido autorização assemblear ou que haja autorização estatutária para o ajuizamento da ação, o que decorre do art. 5º, XXI, da Constituição Federal: "As entidades associativas, quando expressamente autorizadas, têm legitimidade para representar seus filiados". A autorização pode vir de assembleia ou dos próprios estatutos.

11.3.5. SINDICATOS

Embora a Lei da Ação Civil Pública não os tenha mencionado expressamente, tem sido reconhecida a legitimidade dos sindicatos para aforar ação civil pública. Ela deflui do art. 8º, *caput* e III, da Constituição Federal, que considerou livre a associação profissional ou sindical, permitindo ao sindicato a defesa dos direitos e interesses coletivos ou individuais da categoria, até mesmo em questões judiciais e administrativas.

Como a forma mais eficiente de defesa desses interesses é a ação civil pública, não se poderia negar aos sindicatos a legitimidade, mormente porque constituem uma forma de associação civil. Mas eles hão de preencher os mesmos requisitos de representatividade adequada, como a pré-constituição por um ano e a pertinência temática.

O inciso III do art. 8º da Constituição Federal explicita que somente os interesses coletivos da categoria é que poderão ser postulados em juízo pelo sindicato. Eles podem ser difusos, coletivos ou individuais homogêneos, mas devem estar relacionados à categoria à qual o sindicato está vinculado. Rara será a ação ajuizada por sindicato para a defesa de interesses difusos porque, em regra, estes ultrapassam os limites da categoria. Mas se lhe pertencerem exclusivamente, poderão ser defendidos pelo sindicato.

Na ação para defesa de interesses individuais homogêneos, julgada procedente, a sentença beneficiará todos os integrantes da categoria, mas desde que vinculados ao sindicato. Não há necessidade de que o interesse verse sobre a relação de trabalho, mas é preciso que este pertença à categoria representada pelo sindicato. Por exemplo, é possível o ajuizamento de ação relacionada à relação de consumo, desde que os consumidores vitimados pertençam a essa categoria.

Quanto à extensão dos efeitos da sentença condenatória, vale para os sindicatos o que foi decidido pelo C. Supremo Tribunal Federal em relação às associações civis, no RE n. 612.043-PR, de 10 de maio de 2017, Rel. Min. Marco Aurélio, abordado no item anterior.

11.3.6. PARTIDOS POLÍTICOS

Muito se controverte sobre a legitimidade dos partidos políticos para o ajuizamento de ações civis públicas, havendo decisões que não a admitem sob o fundamento de que o art. 5º da Lei da Ação Civil Pública não os menciona e que o rol é taxativo.

Mas não se pode negar que eles tenham natureza associativa, conforme estabelecido na Constituição Federal. Diante disso, serão legitimados para a ação.

11.4. LEGITIMIDADE PASSIVA

A legitimidade atribuída a determinados entes – Ministério Público, entidades da administração direta ou indireta, associações civis – é apenas para que eles proponham a demanda, isto é, para que figurem no polo ativo. Não há legitimidade extraordinária para que figurem no polo passivo. Não se poderá ajuizar ação contra tais legitimados, buscando com isso obter efeitos perante toda a categoria, classe ou grupo. Uma associação, por exemplo, só pode ser ré em ação que verse sobre interesses próprios e específicos dela, e não sobre os interesses dos associados. A legitimidade extraordinária depende de lei, e a daqueles entes é para que figurem no polo ativo, jamais no passivo, na defesa dos interesses da classe. Seria temerário atribuir a uma associação a defesa dos interesses de toda uma classe, na condição de ré, uma vez que todos os integrantes da classe seriam atingidos, embora não tivessem tido a oportunidade de manifestar-se e de apresentar sua defesa.

Por essa razão, não se admite que, em ação civil pública, o réu apresente reconvenção. Discute-se, hoje em dia, sobre a conveniência de estabelecer-se, *de lege ferenda*, a possibilidade de, em circunstâncias especiais, atribuir legitimidade passiva para determinados entes responderem, em juízo, pelos interesses de toda uma classe ou categoria. Nos Estados Unidos existe essa possibilidade, como fica evidenciado pelas *defendant class actions*, em que a coisa julgada atinge não apenas a associação ré, mas todos os representados.

Podem ser réus da ação civil pública todas as pessoas físicas ou jurídicas de direito público ou privado, ou quem mais tenha capacidade de ser parte, incluindo os entes despersonalizados, mas sempre como legitimados ordinários.

Todos os que tenham a sua esfera jurídica atingida deverão ser citados como réus. Isso inclui, muitas vezes, não apenas os causadores do ato lesivo, mas aqueles que tenham sido por ele beneficiados. Por exemplo, se for ajuizada ação civil pública para discutir a legalidade de um loteamento, deverão ser citados os seus responsáveis e os adquirentes que estejam ocupando a área. Se eles forem desconhecidos, ou se não for possível a cientificação pessoal de todos, a citação será feita por edital.

12 INTERESSE DE AGIR

No Processo Civil, o interesse de agir é formado pelo binômio necessidade e adequação, que só existirá se o bem jurídico almejado não puder ser obtido senão com o ajuizamento da demanda. A adequação refere-se à pertinência entre a ação aforada e a pretensão do autor.

Para que haja interesse de agir, é preciso que a ação civil pública seja ajuizada para a defesa de um dos interesses transindividuais. Questão relevante é saber se, por meio dela, pode-se obter a declaração incidental de inconstitucionalidade de lei ou ato normativo.

No Brasil, há duas espécies de controle de constitucionalidade: o concentrado e o difuso. O primeiro é feito por ações diretas de inconstitucionalidade e declaratórias de constitucionalidade, diretamente no Supremo Tribunal Federal, único legitimado para apreciá-las. E o difuso é feito *incidenter tantum* no processo, pois o juiz pode deixar de aplicar lei ou ato normativo, reputando-os inconstitucionais.

Não é possível fazer o controle direto de constitucionalidade por ação civil pública, na medida em que existem meios próprios para tanto. Discute-se, no entanto, sobre a possibilidade de, em ação civil pública, ser reconhecida a inconstitucionalidade de lei ou ato normativo *incidenter tantum*. A resposta é negativa, dadas as peculiaridades dessa ação. A sentença prolatada terá eficácia *erga omnes* ou *ultra partes*: a inconstitucionalidade reconhecida incidentemente teria um espectro global que só se admite em controle concentrado. Isso seria, por vias transversas, dar à ação civil pública a força de uma ação direta de inconstitucionalidade, que só pode ser ajuizada por determinados legitimados e julgada pelo Excelso Tribunal. Sob a capa de um pedido incidental de reconhecimento de inconstitucionalidade, poderiam ser obtidos os mesmos efeitos que os decorrentes de uma ação direta de inconstitucionalidade, o que não pode ser admitido.

Ainda, para que haja interesse de agir é preciso que a pretensão formulada seja juridicamente possível. Embora a possibilidade jurídica tenha deixado de ser condição autônoma da ação, a apresentação de pedido que afronte o ordenamento jurídico implica a extinção do processo sem resolução de mérito, por falta de interesse de agir.

Será juridicamente impossível a ação civil pública que vise discutir ato administrativo de cunho discricionário. Não se pode afastar a possibilidade de um controle de legalidade pelo Judiciário. Entretanto, quando se entra na esfera do discricionário, a separação e independência dos poderes obsta a que haja a sua intervenção. O administrador tem uma margem de discricionariedade, maleabilidade e flexibilidade no exercício de suas funções. O que fica nessa esfera não pode ser reexaminado, de modo que, para que o juiz possa receber a petição inicial de uma ação civil pública, em que se discuta ato administrativo, é preciso que o fundamento esteja relacionado à legalidade do fato, jamais à opção administrativa.

Quadro sinótico

Legitimidade *ad causam* (extraordinária, concorrente e disjuntiva)	Ministério Público (como autor ou fiscal da ordem jurídica). Defensoria Pública. A União. Os Estados e Municípios. Autarquias, empresas públicas, fundações, sociedades de economia mista ou associações constituídas há pelo menos um ano, e que provem representatividade e institucionalidade adequada e definida para a defesa daqueles direitos específicos. Pode haver litisconsórcio ativo – facultativo (nunca necessário).

Capítulo III
DOS ELEMENTOS DA AÇÃO CIVIL PÚBLICA

13 INTRODUÇÃO

Toda ação tem três elementos que a identificam e a distinguem das demais: partes, pedido e causa de pedir. O estudo deles é de especial importância para a identificação da ação e verificação da litispendência e coisa julgada.

14 DAS PARTES

No capítulo anterior, tratamos dos legitimados para o polo ativo e passivo da ação civil pública. Verificou-se que a Lei da Ação Civil Pública e o Código de Defesa do Consumidor atribuem legitimidade extraordinária para que determinados entes possam ir a juízo, na defesa dos interesses e direitos transindividuais. Indicou-se, ainda, quem podem ser os réus.

Cumpre examinar a possibilidade de litisconsórcio e intervenção de terceiros.

14.1. DO LITISCONSÓRCIO

Não há óbice ao litisconsórcio ativo nas ações civis públicas. A lei atribuiu legitimidade concorrente e disjuntiva a vários entes, e cada um deles tem legitimidade para propor a ação, mas nada impede que possam propô-la juntos. Trata-se de litisconsórcio facultativo e unitário, porque a decisão há de ser a mesma para todos os legitimados.

O art. 5º, § 2º, da Lei da Ação Civil Pública permite que, após o ajuizamento da demanda por um deles, os outros possam ingressar como litisconsortes. Mas não haverá litisconsórcio, mas assistência litisconsorcial, fenômeno típico do campo da substituição processual.

Sempre que há legitimados extraordinários, com competência concorrente e disjuntiva, há possibilidade de que eles ingressem juntos em juízo, em litisconsórcio facultativo unitário, e de que a ação seja aforada por qualquer um isoladamente, facultando-se aos demais o ingresso posterior como assistentes litisconsorciais. Estes nada mais são que litisconsortes facultativos unitários supervenientes.

Discute-se sobre a possibilidade de o particular ingressar como assistente litisconsorcial do ente que ajuizou a demanda.

O art. 94 do Código de Defesa do Consumidor estabelece que: "Proposta a ação, será publicado edital no órgão oficial a fim de que os interessados possam intervir no processo como litisconsortes...". Mais uma vez a lei refere-se a litisconsórcio quando o correto seria assistência litisconsorcial. Esse dispositivo está no Título III, Capítulo II, do Código de Defesa do Consumidor, que trata dos interesses individuais homogêneos, em relação aos quais não há dúvida: o particular lesado pode ingressar como assistente litisconsorcial do ente legitimado. Os vários interesses individuais são enfeixados em uma única demanda, e a inclusão de um assistente litisconsorcial não alterará a natureza do direito que está sendo discutido.

Mas tal permissão não cabe nas ações que versem sobre interesses coletivos ou difusos, não incluídas no art. 94 do Código de Defesa do Consumidor, porque o ingresso do particular faria com que, nelas, se discutissem interesses de natureza completamente diferentes.

Quando admitido, o particular será tratado como assistente litisconsorcial, havendo unitariedade de regime entre ele e os entes autores, de modo que a sentença não pode decidir de uma forma para um e de outra para os demais.

Ele atuará como legitimado ordinário, para a defesa de seus interesses próprios. Em conjunto, em uma mesma ação, haverá um ente postulando como legitimado extraordinário, em nome de todos que se encontrem na situação jurídica atacada, e um particular, postulando em nome próprio, como legitimado ordinário, a respeito do seu dano.

O art. 94 do Código de Defesa do Consumidor estimula o ingresso de assistentes litisconsorciais, pois determina que a ação, ao ser proposta, seja publicada no órgão oficial, a fim de que os interessados possam intervir, sem prejuízo de ampla divulgação pelos meios de comunicação social por parte dos órgãos de defesa do consumidor.

Contudo, julgada a ação coletiva, os seus efeitos serão diferentes conforme o particular tenha ou não intervindo. Em caso de procedência, todos serão beneficiados, os que intervieram ou não. Mas em caso de improcedência, só os que participaram serão atingidos pela coisa julgada (art. 103, § 2º), e não poderão propor suas demandas individuais. Os demais poderão fazê-lo (coisa julgada *secundum eventum litis*).

Se o lesado propuser ação individual, não haverá litispendência entre ela e a coletiva, mas haverá conexão ou continência entre as duas, cabendo a reunião de processos, para evitar decisões conflitantes. Se houver uma ação coletiva para reparação de danos decorrentes de defeito na fabricação de um produto, e uma ação individual fundada no mesmo problema, as duas deverão ser reunidas por conexão ou continência. Não haverá litispendência, porque as duas ações são diferentes, sendo uma delas coletiva e a outra individual. Mas haverá litispendência se houver ação individual, ajuizada por determinado particular, que já figurar como litisconsorte (assistente litisconsorcial) em ação civil pública.

No polo passivo, não há nenhuma peculiaridade a respeito do litisconsórcio.

14.2. LITISCONSÓRCIO ENTRE MINISTÉRIO PÚBLICO FEDERAL E ESTADUAL

O art. 5º, § 5º, da Lei da Ação Civil Pública estabelece: "Admitir-se-á o litisconsórcio facultativo entre os Ministérios Públicos da União, do Distrito Federal e dos Estados na defesa dos interesses e direitos de que cuida esta Lei". O parágrafo em referência foi acrescentado pelo art. 113 do Código de Defesa do Consumidor. Surpreendentemente, o Presidente da República vetou o § 2º do art. 82 da lei consumerista, que continha norma de idêntico teor.

A formação do litisconsórcio entre o Ministério Público Federal e o Estadual tem provocado polêmica. Há opiniões de que seria inconstitucional, por ofender o princípio federativo – ou o processo é de competência da Justiça Estadual, e então só o Ministério Público Estadual pode atuar, ou da Justiça Federal, e então só o Ministério Público Federal pode fazê-lo – e por ferir o princípio da unidade e independência do Ministério Público. Se a instituição é una, não haveria razão para o litisconsórcio.

No entanto, tais razões não convencem. O Presidente da República vetou apenas o § 2º do art. 82 do Código de Defesa do Consumidor, e não o art. 113, que acrescentou o § 5º ao art. 5º da Lei da

Ação Civil Pública, autorizando o litisconsórcio. Como a lei cuida dos interesses difusos e coletivos, nas respectivas ações o litisconsórcio é admissível.

Discute-se sobre a possibilidade de isso ocorrer naquelas que tratem dos individuais homogêneos. Diante do veto ao § 2º do art. 82 do CDC, alguns chegaram a sustentar que o litisconsórcio não poderia ser formado. Não lhes assiste razão, pois o art. 90 do CDC determina a aplicação subsidiária da Lei da Ação Civil Pública ao Código de Defesa do Consumidor quando não houver incompatibilidade entre ambos. Se aquela lei o permite, o litisconsórcio também é admitido nas ações que versem sobre interesses individuais homogêneos.

Inócuo, pois, o veto ao § 2º do art. 82, não havendo, dessa forma, ofensa ao princípio federativo, porque a atribuição de competência ao Ministério Público Federal para atuar na esfera estadual, e vice-versa, não quebra a autonomia e independência das unidades da Federação.

Tampouco a formação do litisconsórcio viola a regra da unidade do Ministério Público, uno e indivisível apenas na medida em que seus membros estão submetidos a uma mesma chefia (*RDA*, 204:205): só há unidade e indivisibilidade entre cada Ministério Público.

Mas não é sempre que se admitirá a formação do litisconsórcio. É preciso que o objeto da ação interesse a cada um, e sua postulação esteja na esfera de atribuições dos órgãos.

14.3. INTERVENÇÃO DE TERCEIROS

No polo ativo da ação civil pública, admitir-se-á apenas a assistência litisconsorcial, seja dos demais entes colegitimados, seja do próprio lesado (nesta última hipótese, apenas naquelas que versarem sobre interesses individuais homogêneos).

No polo passivo, não há, em princípio, restrições para a intervenção de terceiros. Admite-se que o réu possa fazer a denunciação da lide e o chamamento ao processo, nos casos estabelecidos no Código de Processo Civil. Não há óbice a que terceiro requeira o seu ingresso como assistente do réu, desde que tenha interesse jurídico em que ele saia vencedor. Também não há restrições ao incidente de desconsideração da personalidade jurídica e à intervenção do *amicus curiae*, preenchidos os requisitos estabelecidos no CPC.

15 DO PEDIDO

Um dos elementos fundamentais da ação é o pedido, que pode ser imediato ou mediato. Por pedido imediato entende-se a tutela jurisdicional que se pretende obter; e por pedido mediato, o bem da vida que se busca, com o ajuizamento da ação. Cumpre estudá-los em capítulos diferentes.

15.1. PEDIDO IMEDIATO

A redação originária da Lei da Ação Civil Pública aludia apenas às ações condenatórias, sem qualquer menção às constitutivas ou declaratórias (art. 3º). O Código de Defesa do Consumidor, que mantém com a Lei da Ação Civil Pública uma relação de mútuo intercâmbio, estabelece, no art. 83: "Para a defesa dos direitos e interesses protegidos por este Código são admissíveis todas as espécies de ações capazes de propiciar sua adequada e efetiva tutela". Assim, não pode haver dúvida quanto à possibilidade de se formular todo tipo de pretensão nas ações coletivas, seja qual for o tipo de interesses transindividuais discutidos.

Os processos de conhecimento podem conter pretensões de natureza condenatória, constitutiva ou declaratória.

Como exemplo de pedido condenatório pode-se citar o que visa obrigar o réu a instalar filtros antipoluentes em chaminé que emite gases tóxicos; ou o que objetiva obrigar o réu a pagar indenização a todas as vítimas de acidente causado por defeitos na fabricação de veículos. De pedido constitutivo e declaratório, podem ser citadas como exemplo as ações que versam sobre anulação ou declaração de nulidade de contrato, ou de cláusulas contratuais reputadas abusivas, em detrimento dos consumidores.

Dentre os pedidos de natureza condenatória, destacam-se aqueles de cunho mandamental, que adquirem particular importância nas ações civis públicas, estudadas em capítulo à parte.

15.1.1. TUTELA ESPECÍFICA

15.1.1.1. Introdução

Estabelece o art. 84 do Código de Defesa do Consumidor que, "na ação que tenha por objeto o cumprimento da obrigação de fazer ou não fazer, o juiz concederá a tutela específica da obrigação ou determinará providências que assegurem o resultado prático equivalente ao do adimplemento". Acolhe-se, como regra, a tutela específica das obrigações de fazer ou não fazer.

Como há compatibilidade entre o que dispõem as normas sobre ação civil pública e o Código de Processo Civil, no que se refere à tutela específica das obrigações de fazer, aplica-se àquela o disposto no art. 497 do Código de Processo Civil. Para tornar efetiva a sua determinação, o juiz pode impor multas, de ofício ou a requerimento do autor, busca e apreensão, remoção de pessoas ou coisas, desfazimento de obras e impedimento da atividade nociva, se necessário com requisição de força policial. As medidas de coerção podem ser aplicadas até mesmo contra a Fazenda Pública. Essas medidas de coerção estão previstas nos arts. 536, § 1º, e 139, IV, do CPC.

Quando entrou em vigor, o Código de Defesa do Consumidor trazia uma grande novidade no art. 84, § 3º: "Sendo relevante o fundamento da demanda e havendo justificado receio de ineficácia do provimento final, é lícito ao juiz conceder a tutela liminarmente ou após justificação prévia, citado o réu". Tratava-se da concessão de tutelas antecipadas, na ação civil pública, em caráter liminar.

Posteriormente, com a nova redação do art. 273 do Código de Processo Civil de 1973, dada pela Lei n. 8.952/94, estendeu-se a possibilidade de concessão da medida, de forma generalizada, no processo de conhecimento, mantida no CPC atual. Mas o Código de Defesa do Consumidor entrou em vigor em 1990, quando não havia tal possibilidade.

Também nas obrigações de entrega de coisa será concedida tutela específica. Ao proferir sentença, o juiz fixará prazo para que o réu entregue o bem, sob pena de busca e apreensão, caso o bem seja móvel, ou imissão de posse, se imóvel. Os meios de coerção previstos para compelir o réu ao cumprimento de obrigação de fazer ou não fazer aplicam-se também às obrigações de entrega de coisa. Com isso, fica afastada a aplicação da Súmula 500 do Supremo Tribunal Federal, que vedava a cominação de multa, nesses casos: "Não cabe ação cominatória para compelir-se o réu a cumprir obrigações de dar".

Há manifesta preocupação do legislador em dar efetividade às determinações judiciais. A tutela será, em regra, específica. Se não for possível alcançar o resultado pretendido, o juiz poderá determinar providências que assegurem resultado prático equivalente, reservando-se a conversão em perdas e danos para hipóteses excepcionais, em que não seja possível o seu cumprimento, ou em que o próprio credor a prefira.

A seguir, serão estudados os meios de coerção previstos em lei, cuja função é compelir o devedor a cumprir a obrigação, tal como determinado nas decisões judiciais.

15.1.1.2. Meios de coerção

15.1.1.2.1. Multa

Entre os meios de coerção de que se vale o legislador para impor o cumprimento das obrigações impostas por determinações judiciais, está a fixação de multa. Em princípio, tinha um campo de aplicação restrito: o das obrigações de fazer ou não fazer infungíveis. Como não havia, nesses casos, meios para executar o determinado, por sub-rogação, impunha-se a multa para vencer a resistência do devedor e convencê-lo a cumprir a obrigação, o que a ninguém mais era dado fazer de forma específica. A multa, fixada por dia de atraso no cumprimento da obrigação, quando fixada em sentença, ficou conhecida como *astreinte*, em virtude de suas origens no direito francês.

Posteriormente, estendeu-se a possibilidade de sua fixação para as obrigações de fazer ou não fazer fungíveis. Embora a lei preveja, nesses casos, meios de sub-rogação, pelos quais se obtém, sem a participação do devedor, a satisfação da determinação judicial, pode-se impor a multa, porque tais meios podem ser onerosos e demorados. Por exemplo: caso um pintor de parede se recuse a cumprir o contratado, a lei processual prevê meios de execução por terceiros. Mas o valor dos serviços precisará ser antecipado pelo exequente, depois de aprovado pelo juiz (CPC, art. 817, parágrafo único), o que pode tornar o procedimento trabalhoso ou oneroso para o credor. Para evitá-lo, o juiz fixará multa cuja função será vencer a resistência do executado a cumprir, *sponte propria*, o que lhe foi determinado.

Também há possibilidade de fixação de multa como meio de coerção ao cumprimento das obrigações de entrega de coisa, como mostra o § 3º do art. 538 do Código de Processo Civil.

A sentença que condena o réu a entregar coisa fixará prazo para cumprimento da obrigação, sob pena de expedição de mandado de busca e apreensão ou de imissão de posse, conforme o bem seja móvel ou imóvel (art. 538, *caput*), e o juiz fixará multa, para o caso de não cumprimento no prazo estabelecido.

Até mesmo nas obrigações por quantia não está excluída a possibilidade de fixação de multa para a hipótese de descumprimento da obrigação, como se vê do disposto no art. 139, IV, do CPC. Mas, nesse caso, a multa deve ser excepcional, devendo ser fixada apenas quando o réu impedir o uso dos meios de sub-rogação, como a penhora e expropriação de bens.

Na ação civil pública, quando houver decisão judicial que imponha obrigação de fazer, não fazer, de entregar coisa ou excepcionalmente de pagar, o juiz poderá, entre outras medidas coercitivas estabelecidas no art. 536, § 1º, do Código de Processo Civil, fixar a multa diária, que constitui um dos instrumentos mais eficazes na busca da efetividade do processo, tendo o legislador munido o juiz de amplos poderes para fixá-la ou alterá-la.

15.1.1.2.2. Exigibilidade da multa

A multa poderá ser fixada sempre que o juiz, em decisão provisória ou definitiva, impuser uma obrigação. Não importa que a decisão seja liminar ou dada em sentença, tampouco tenha natureza de tutela cautelar ou antecipatória. O que importa é que imponha uma obrigação.

Somente a partir de sua fixação é que a multa passará a incidir.

Nos termos do art. 537, § 3º, do CPC, a decisão que fixa a multa é passível de cumprimento provisório, devendo ser depositada em juízo, permitido o levantamento do valor após o trânsito em julgado da sentença favorável à parte ou na pendência do agravo fundado nos incisos II e III do art. 1.042. Antes do trânsito em julgado, não se autoriza o levantamento do valor da multa depositado em juízo nem mesmo com a apresentação de caução, ressalvada a hipótese de pendência exclusiva do agravo dos incisos II e III do art. 1.042.

Em todos esses casos, a execução da multa estará fundada em título executivo judicial. Mas é possível que ela seja fixada em compromisso de ajustamento de conduta, celebrado entre os legitimados, para o ajuizamento da ação, e o causador do dano. A multa passará a incidir desde a data fixada no termo para o cumprimento da obrigação.

Sempre que ele ocorrer com atraso, a multa incidirá. O cumprimento *a posteriori* não exime o devedor de pagar a multa pelo período em que ela tenha incidido.

15.1.1.2.3. Características da multa

Pode ser fixada a requerimento do autor ou de ofício pelo juiz, sempre que este impuser uma obrigação de fazer, não fazer ou entregar coisa – e, excepcionalmente no caso de execução por quantia. Mesmo que a decisão ou sentença seja omissa, o juiz poderá, *a posteriori*, fixar a multa, que prescinde de requerimento do interessado. A permissão para isso decorre da natureza da multa, que é meio de coerção. Não é um fim em si mesma, mas um instrumento para compelir o réu a cumprir.

Caso a obrigação decorra de compromisso de ajustamento – título executivo extrajudicial –, o juiz fixará a multa e a data de sua incidência, se elas já não vierem fixadas no próprio termo. Se este as contiver, caberá ao juiz, na execução, aplicá-las.

Além do poder de fixar a multa de ofício, pode o juiz aumentá-la ou reduzi-la, a seu critério, independentemente de requerimento, quando perceber que se tornou insuficiente ou excessiva. A exceção fica por conta da multa fixada em título executivo extrajudicial (como no compromisso de ajustamento), em que o juiz pode fixar a multa ou reduzi-la, mas não a ampliar (art. 814, parágrafo único, do CPC).

O valor das *astreintes* não está limitado pelo da obrigação principal, podendo superá-la. Mas sempre que o juiz verificar que ela se tornou excessiva e que pode constituir fonte de enriquecimento sem causa para o credor, pode reduzi-la aos limites da razoabilidade. A possibilidade de redução persiste mesmo para períodos em que a multa já tenha incidido, ou seja, se ela perdurou longamente e cresceu de forma desmesurada, o juiz a reduzirá.

Por exemplo: o juiz, em decisão liminar, determinou que o réu instalasse equipamento antipoluente em sua fábrica, no prazo de 30 dias, sob pena de multa diária de um determinado valor. Com a intimação, correrá o prazo. Desde que ele seja ultrapassado *in albis*, a multa passará a incidir, permitindo o cumprimento provisório, desde logo. Mas constatado que, pelo tempo de duração, ela se tornou demasiada, o juiz a reduzirá a montantes que considere razoáveis.

O destino das multas variará conforme a ação verse sobre interesses difusos ou coletivos, isto é, de natureza indivisível, ou individuais homogêneos, de natureza divisível. No primeiro caso, serão destinadas ao fundo para reconstituição dos bens lesados; no segundo, acrescerão as indenizações cabíveis às vítimas do evento lesivo.

15.1.1.2.4. Outros meios de coerção

Os arts. 536, § 1º, do Código de Processo Civil e 84, § 4º, do Código de Defesa do Consumidor estabelecem as medidas que o juiz pode aplicar para efetivar a tutela específica ou obter resultado prático equivalente. Elas podem ser determinadas de ofício ou a requerimento do interessado e incluem, além da multa, a busca e apreensão, remoção de pessoas ou coisas, desfazimento de obras e impedimento de atividade nociva, se necessário com requisição de força policial.

Além disso, nos termos do art. 77, IV, do Código de Processo Civil, que trata dos deveres das partes e dos seus procuradores, incumbe às partes e a todos aqueles que participam do processo cumprir com exatidão as decisões jurisdicionais, de natureza provisória ou final, e não criar embaraços à sua efetivação. O descumprimento implica ato atentatório à dignidade da justiça. Sem prejuízo das sanções criminais, civis e processuais cabíveis, o juiz fixará uma multa, de acordo com a gravidade do dano, que não pode ultrapassar 20% do valor da causa, e será inscrita como dívida ativa da União ou do Estado. Essa multa não se confunde com aquela diária, estabelecida como meio de coerção, que reverte em proveito do fundo ou dos credores. Trata-se de pena por descumprimento de determinação judicial, e será destinada à União ou ao Estado, conforme a ação corra na Justiça Federal ou Estadual. Como, ao emitir provimento mandamental, o juiz dá uma ordem, o descumprimento pode configurar crime de desobediência.

Essas regras, embora previstas no Código de Processo Civil, aplicam-se, por compatíveis, ao sistema das ações civis públicas.

15.2. PEDIDO MEDIATO

Por pedido mediato entende-se o bem de vida que, por meio do processo, se almeja alcançar.

Como regra, o pedido deve ser certo e determinado (arts. 322 e 324 do CPC), para que a sentença possa, em caso de procedência, impor condenação também determinada.

Nas ações civis públicas, entretanto, admite-se que a condenação seja genérica. Nas ações para a defesa de interesses individuais homogêneos, como não é possível saber de antemão a quantidade de lesados nem a extensão da lesão que cada um sofreu, a condenação será genérica (art. 95

do CDC): em caso de procedência, o juiz condenará o réu a ressarcir os lesados, observada a extensão do dano que cada qual sofreu, e que deverá ser demonstrada na fase de liquidação. A liquidação assume excepcional importância porque somente por seu intermédio se poderá identificar e quantificar os lesados e apurar o montante devido a cada um.

O pedido vincula o juiz. A sentença deve manter congruência com o que foi postulado, não podendo o magistrado decidir diferente nem a mais do que foi pedido, sob pena de ela ser *extra* ou *ultra petita*. Admite-se, porém, quando houver pedido de tutela específica nas obrigações de fazer ou não fazer, que o juiz a conceda não exatamente como postulada, mas com resultado prático equivalente (art. 84 do CDC).

16 DA CAUSA DE PEDIR

A ação civil pública, tal como as demais, exige que o autor indique quais os fatos e os fundamentos jurídicos que embasam o pedido, daí a distinção entre causa de pedir próxima e remota. Não há uniformidade de nomenclatura, havendo autores que denominam os fatos causa de pedir remota e os fundamentos jurídicos causa de pedir próxima. E há aqueles que usam denominação exatamente inversa.

A descrição dos fatos é de extraordinária importância para a caracterização da litispendência e da coisa julgada porque, mudando fato que seja relevante, muda a própria ação. Por isso a necessidade de que o juiz exija uma descrição clara e precisa dos fatos.

17 CONEXÃO E CONTINÊNCIA

De acordo com o art. 55, *caput* do Código de Processo Civil, reputam-se conexas duas ou mais ações quando estas tiverem o mesmo pedido ou causa de pedir. E continentes quando as partes e a causa de pedir forem as mesmas, mas o pedido de uma englobar o da outra.

Muitas críticas podem ser levantadas ao instituto da continência. Entre elas, a de que não tem utilidade, pois, para que exista, é preciso que as ações tenham sempre a mesma causa de pedir. E, sendo assim, serão também conexas, o que é bastante para reuni-las.

Tudo o que vale para a conexão aplica-se igualmente para a continência.

Havendo uma ou outra, entre ações em curso, impõe-se a reunião para julgamento conjunto, para evitar que sejam conflitantes.

Cumpre examinar a possibilidade de haver conexão e continência entre duas ou mais ações civis públicas ou entre uma delas e outra ação individual.

Não haverá óbice a que existam entre duas ações coletivas. Imagine-se o caso em que ambas sejam fundadas no mesmo fato, mas tenham pedidos diferentes: por exemplo, uma ação civil pública para declarar a nulidade de cláusula contratual que impõe o pagamento de uma multa indevida, e outra para pedir a repetição de indébito em proveito daqueles que a pagaram. Na primeira ação, o pedido era declaratório, e o interesse, coletivo. Na segunda, o pedido é condenatório, e o interesse, individual homogêneo. Mas há conexão devido ao risco de decisões conflitantes. Ela pode existir entre ações civis públicas que versem sobre o mesmo tipo de interesse transindividual ou sobre interesses transindividuais distintos.

Também há possibilidade de conexão entre ação coletiva e individual. Por exemplo, entre uma ação coletiva, para a defesa de interesses individuais homogêneos, e uma individual, proposta por um dos lesados. Ambas estão fundadas no mesmo fato e devem ser reunidas, para evitar julgamentos conflitantes.

Pode, ainda, haver conexão entre ação que verse sobre interesses difusos e coletivos e outra que verse sobre interesse individual. Um exemplo, citado por Hugo Mazzilli, é o da ação civil pública ambiental, que antecede a propositura de ações individuais destinadas a impedir o mau uso da propriedade vizinha, com emissão de poluentes.

A conexão e a continência regem-se pelas regras dos arts. 55 e s. do Código de Processo Civil. Devem ser declaradas de ofício pelo juiz que delas tomar conhecimento. Do contrário, o réu deve alegá-las como preliminar em contestação.

Discute-se sobre a obrigatoriedade de reunião de processos. Parece-nos que há de ser dada ao julgador a possibilidade de reunir, ou não, as demandas. O art. 55, § 1º, do Código de Processo Civil estabelece que o juiz determinará a reunião. Apesar dos termos peremptórios da lei, admite-se que o juiz possa verificar, em cada caso concreto, se a reunião deve ou não ser determinada. Não que haja discricionariedade do juiz para fazê-lo, mas existe a possibilidade de avaliação das vantagens e transtornos, e a comparação entre a intensidade do risco de decisões conflitantes, caso os processos continuem separados, e o incômodo que a reunião poderá ensejar, mormente quando estiverem em fases muito diferentes.

Em caso de conexão ou continência, o CPC determina que os processos deverão ser reunidos no juízo prevento, que será aquele em que foi feito primeiramente o registro ou distribuição da ação, nos termos do art. 59. Mas essa regra não se aplica à ação civil pública, pois a Lei da Ação Civil Pública tem regra específica (art. 2º, parágrafo único): "A propositura da ação prevenirá a jurisdição do juízo para todas as ações posteriormente intentadas que possuam a mesma causa de pedir ou o mesmo objeto". A prevenção é dada pela propositura da ação.

Mas, no caso específico de uma das ações correr pela Justiça Estadual e a outra pela Justiça Federal, reconhecida a continência, a reunião será feita sempre nesta, e não naquela, conforme a Súmula 489 do Superior Tribunal de Justiça, de 1º de agosto de 2012.

18 LITISPENDÊNCIA

É a identidade entre os três elementos de ações que ainda estão em andamento. Quando duas delas têm os mesmos três elementos (tríplice identidade), são consideradas iguais, e uma deve ser extinta. De acordo com o art. 240 do Código de Processo Civil, é a citação válida que induz litispendência: será extinta aquela ação na qual a citação válida se realizou *a posteriori*.

Cumpre examinar a possibilidade de litispendência entre duas ou mais ações civis públicas, e entre elas e as ações individuais.

Para que o instituto em análise exista entre ações coletivas, é preciso que estas apresentem o mesmo objeto e a mesma causa de pedir: elas têm de estar fundadas no mesmo fato e ter o mesmo pedido.

Não haverá litispendência entre ações que versem sobre diferentes interesses transindividuais. Pode ocorrer, por exemplo, que um determinado contrato de consórcio gere três ações civis públicas: uma para declarar a nulidade de cláusula reputada abusiva; outra para proibir a empresa de consórcio de incluí-la em contratos futuros; e a terceira para obter reparação de danos àqueles que, por força da cláusula, tiveram prejuízos. Não haverá litispendência porque os objetos (pedidos) são diferentes. Na primeira, o interesse tutelado é coletivo; na segunda, difuso; e na terceira, individual homogêneo. Haverá conexão, que levará à reunião dos três processos, com o intuito de serem evitadas decisões conflitantes. Mas nenhuma delas será extinta.

Em regra, a configuração da litispendência exige identidade das partes. Nas ações coletivas, há uma particularidade: no polo passivo, é preciso que elas sejam as mesmas; mas no ativo, não se pode olvidar da legitimidade extraordinária. Quando os entes a que alude a Lei da Ação Civil Pública vão a juízo, eles o fazem em nome próprio, porém, na defesa de interesse da categoria, grupo ou classe de pessoas, titulares do direito transindividual.

Se duas ações civis públicas, com idêntico pedido e causa de pedir, e contra o mesmo réu, forem ajuizadas por dois diferentes legitimados, haverá litispendência, porque ambos estão como substitutos processuais do mesmo grupo, categoria ou classe de pessoas.

Se isso ocorrer, parece-nos que a solução adequada não será extinguir uma delas, porque ambos os entes têm o direito de postular em defesa do interesse transindividual, e é possível a formação de litisconsórcio. A saída será reunir os dois processos, que prosseguirão agora como um único, formando-se um litisconsórcio entre os autores.

Há possibilidade de litispendência entre duas ou mais ações coletivas e duas ou mais ações individuais. Mas não entre uma ação individual e uma coletiva.

O art. 104 do Código de Defesa do Consumidor é claro quanto às ações coletivas para a defesa de interesses difusos e coletivos: "As ações coletivas, previstas nos incisos I e II do parágrafo único do art. 81, não induzem litispendência para as ações individuais, mas os efeitos da coisa julgada *erga omnes* ou *ultra partes* a que aludem os incisos II e III do artigo anterior não beneficiarão os autores das ações individuais, se não for requerida sua suspensão no prazo de trinta dias, a contar da ciência nos autos do ajuizamento da ação coletiva".

Em ambas, o pedido é diferente.

Como o art. 104 só faz referência às ações para defesa de interesses difusos e coletivos, tem-se a impressão de que a litispendência é possível entre as ações individuais e as que versam sobre interesses individuais homogêneos.

Porém, também entre elas isso não poderá ocorrer, porque o pedido é ainda diferente. Nas ações individuais, o lesado formula a sua pretensão

– em regra reparatória – de forma específica, ao passo que nas ações coletivas a postulação versa sobre direitos de todo um grupo de lesados, unidos por uma origem comum, com pedido de condenação genérico.

Entre as duas ações pode haver conexão e, em especial, continência, uma vez que o pedido feito na ação coletiva abrange o formulado na individual. Por isso, deve o juiz determinar a reunião, para prosseguimento conjunto.

Quadro sinótico – Das partes

Litisconsórcio	Facultativo e unitário. Possibilidade de particular ingressar como assistente litisconsorcial do ente que ajuizou a demanda, no caso de defesa de interesses individuais homogêneos. O mesmo não ocorre nas ações que versem sobre interesses coletivos ou difusos. No caso de procedência da ação, todos serão beneficiados. No caso de improcedência, só os particulares que atuaram serão atingidos pela coisa julgada e não poderão propor ações individuais. Os demais poderão fazê-lo. Litisconsórcio entre MP Federal e MP Estadual: pode ocorrer desde que o objeto da ação interesse a cada um e a postulação esteja na esfera de atribuição dos órgãos.
Intervenção de terceiros	No polo ativo – somente assistência litisconsorcial. No polo passivo – denunciação da lide, chamamento ao processo e incidente de desconsideração da personalidade jurídica. Admite-se ainda a intervenção do *amicus curiae*.

Do pedido

O pedido deve ser certo e determinado	Tutela condenatória. Tutela constitutiva. Tutela declaratória. Cumprimento das sentenças condenatórias proferidas nas ações coletivas. Há a possibilidade de aplicação de multa por dia de atraso no cumprimento das obrigações impostas por determinação judicial (*astreinte*). **Admite-se condenação genérica quando não for possível determinar a quantidade de lesados e a extensão da lesão que cada indivíduo sofreu.**

Conexão e contingência

Havendo uma ou outra, entre ações em curso, impõe-se a reunião para julgamento conjunto, para evitar que sejam conflitantes.

Capítulo IV

PROCEDIMENTO DA AÇÃO CIVIL PÚBLICA

19 PETIÇÃO INICIAL

O procedimento da ação civil pública é regido pela Lei n. 7.347/85, com os acréscimos dados pelo Código de Defesa do Consumidor.

Serão examinadas apenas as peculiaridades procedimentais, aquilo em que ela difere das demais ações. Diz o art. 19 da Lei da Ação Civil Pública que se aplica à ação civil pública, supletivamente, o Código de Processo Civil, naquilo que não a contrariar.

Como a Lei da Ação Civil Pública trata de apenas alguns aspectos processuais, aos demais aplicar-se-á a lei processual civil.

O procedimento das ações civis públicas é o comum, com a possibilidade de concessão de liminar, com ou sem justificação prévia. Elas assemelham-se àquelas ações previstas no Código de Processo Civil que, à exceção da fase de liminar, não têm um rito peculiar.

A petição inicial deve observar todos os requisitos do art. 319 do diploma processual civil, respeitadas as peculiaridades da ação civil pública. O autor deve indicar com clareza os fatos e fundamentos jurídicos e formular o pedido mediato e o imediato, na forma que descrevemos nos capítulos anteriores.

Nem sempre será fácil a atribuição de valor à causa. Ele deve corresponder, aproximadamente, ao benefício econômico que está sendo pretendido. Há casos em que isso pode ser conhecido de antemão. Mas muitas vezes, nas ações coletivas, não há como saber exatamente, porque o pedido será genérico, pela inviabilidade de conhecer-se com antecedência a extensão dos danos. Nesse caso, o valor será fixado por estimativa do autor.

20 AS TUTELAS DE URGÊNCIA

20.1. DA TUTELA CAUTELAR

Estabelece o art. 4º da Lei da Ação Civil Pública que: "Poderá ser ajuizada ação cautelar para os fins desta Lei, objetivando, inclusive, evitar o dano ao meio ambiente, ao consumidor, à ordem urbanística ou aos bens e direitos de valor artístico, estético, histórico, turístico e paisagístico". O Código de Defesa do Consumidor, ao ampliar o rol para todos os interesses transindividuais, estendeu a possibilidade de defendê-los cautelarmente.

O CPC atual não prevê mais a possibilidade de ajuizamento de ação cautelar autônoma. Assim, a tutela de urgência, cautelar ou antecipada, deverá ser requerida no processo principal, admitindo-se que o seja em caráter incidental ou antecedente, conforme arts. 303 e 305 do CPC. Ainda que requerida em caráter antecedente, não haverá dois processos, o cautelar e o principal, mas um processo único, em que será formulada antecedentemente a pretensão à tutela de urgência (antecipada ou cautelar) e, posteriormente, a pretensão principal.

O procedimento será aquele estabelecido no Código de Processo Civil, e a concessão da medida ficará condicionada à existência de elementos que evidenciem a probabilidade do direito (o *fumus boni juris*) e do perigo de dano ou o risco ao resultado útil do processo (*periculum in mora*).

Se o processo principal já estiver em fase de recurso, a tutela de urgência deverá ser requerida diretamente ao órgão jurisdicional competente para apreciar o mérito, isto é, ao órgão *ad quem*.

20.2. AS LIMINARES

Dispõe o art. 12 da Lei da Ação Civil Pública que o juiz poderá conceder mandado liminar, com ou sem justificação prévia. A lei não diz se essa liminar terá natureza de tutela cautelar ou antecipada.

Terá natureza cautelar se implicar medidas protetivas, assecuratórias, de resguardo do provimento final. Por exemplo, verificando-se que o réu dilapida o seu patrimônio, o juiz pode determinar, liminarmente, o arresto de seus bens. Será tutela antecipada quando tiver caráter satisfativo, isto é, conceder, no curso do processo, em caráter provisório, total ou parcialmente, algo que tenha sido pedido na inicial, e que só poderia ser concedido na sentença.

O juiz concederá as tutelas antecipadas desde que seja relevante o fundamento da demanda e justificado o receio de ineficácia do provimento final (art. 84, § 3º, do CDC, c/c o art. 21 da LACP), caso em que não se limitará a conceder uma medida protetiva, mas atenderá, em caráter provisório, à postulação formulada. Por exemplo, em uma ação civil pública visando compelir uma fábrica a instalar equipamento antipoluente em suas chaminés, o juiz pode conceder liminarmente o pedido, determinando *initio litis* a instalação, ainda que por decisão provisória. A tutela será antecipada e não cautelar, porque o juiz não se limitou a determinar algo com a finalidade de preservar ou conservar o direito do autor, mas já o atendeu desde logo.

O que distingue a tutela cautelar da antecipada é a relação que elas mantêm com o pedido definitivo formulado pelo autor. Se a medida pretende apenas proteger, assegurar o seu direito, que só será atendido, se for o caso, no momento oportuno, a tutela será cautelar; já se a medida tiver por fim satisfazer o pedido, atendendo-o em momento anterior ao previsto, terá a natureza de tutela antecipada. Embora sejam claras as diferenças, nem sempre é fácil, na prática, estabelecê-las. Existem situações que ficam naquilo que se pode chamar de "zona cinzenta", em que se diverge sobre a qualificação da medida. Esse problema perdeu a relevância prática a partir do instante em que se estabeleceu a fungibilidade entre elas.

As tutelas cautelar e antecipada podem ser concedidas liminarmente, isto é, no início da demanda, de plano ou após a justificação. Mesmo que não postuladas *ab initio*, poderão, no entanto, ser concedidas mais tarde, a requerimento do autor, desde que se tornem presentes os requisitos autorizadores de sua concessão. Admite-se a sua concessão até mesmo quando o processo já esteja em fase de recurso, contanto que ele tenha sido recebido no efeito suspensivo. Aquilo que pode ser concedido liminarmente poderá sê-lo *a posteriori*, em qualquer fase do processo e em caráter provisório, preenchidos os requisitos.

Em situações de grande urgência, quando não houver tempo suficiente para citar a parte contrária, ou quando essa citação puder colocar em risco a eficácia da medida, o juiz poderá deferir a liminar antes mesmo da citação, sem ouvir a parte contrária. Se entender necessário um melhor esclarecimento a respeito dos fatos narrados pelo autor, pode designar audiência de justificação, para a qual será o réu citado.

A finalidade é dar oportunidade ao autor de produzir as provas necessárias para a obtenção da liminar. Não se confunde com a audiência de instrução e julgamento, pois nem sequer teve início o prazo de contestação.

Apenas o autor pode arrolar testemunhas, e a participação do réu se limitará a formular reperguntas e a requerer a contradita daquelas que sejam suspeitas ou impedidas.

Caso haja audiência preliminar, o prazo de contestação só fluirá da data em que o réu tiver ciência da decisão a respeito da liminar, aplicando-se a mesma sistemática das ações possessórias.

Quando a liminar, seja de que natureza for, impuser ao autor uma obrigação de fazer ou não fazer, o juiz poderá valer-se dos mesmos meios de coerção que são indicados para as decisões definitivas (art. 536, § 1º, do CPC), aplicando-os de ofício.

20.2.1. LIMITAÇÕES À CONCESSÃO DAS LIMINARES

Há algumas restrições à concessão das liminares nas ações civis públicas. A primeira delas é dada pelo art. 1º da Lei n. 8.437, de 30 de junho de 1992, que assim estabelece: "Não será cabível medida liminar contra atos do Poder Público, no procedimento cautelar ou em quaisquer outras ações de natureza cautelar ou preventiva, toda vez que providência semelhante não puder ser concedida em ações de mandado de segurança, em virtude de vedação legal".

As limitações à concessão do mandado de segurança estão no art. 7º, § 2º, da Lei n. 12.016/2009 ("Não será concedida medida liminar que tenha por objeto a compensação de créditos tributários, a entrega de mercadorias e bens provenientes do exterior, a reclassificação ou equiparação de servidores públicos e a concessão de aumento ou a extensão de vantagens ou pagamento de qualquer natureza").

Também não se concederá a liminar que esgote, no todo ou em parte, o objeto da ação (art. 1º, § 4º, da Lei n. 8.437/92), ou que defira a compensação de créditos tributários ou previdenciários (art. 1º, § 5º).

O art. 2º da Lei n. 8.437/92 dispõe que, na ação civil pública, a liminar só será concedida após a audiência do representante judicial da pessoa jurídica de direito público, que deverá se pronunciar no prazo de 72 horas.

Para não deixar dúvida quanto às tutelas antecipadas, a Lei n. 9.494/97, art. 1º, estabeleceu que não cabe a sua concessão nas mesmas hipóteses em que não cabia a da liminar de cunho cautelar, isto é, em todas as hipóteses supramencionadas.

O Pleno do Supremo Tribunal Federal, em 11 de fevereiro de 1998, deferiu medida cautelar em ação declaratória de constitucionalidade, com o seguinte teor: "O Tribunal, por votação majoritária, deferiu, em parte, o pedido de medida cautelar para suspender, com eficácia *ex nunc* e com efeito vinculante até final julgamento da ação, a prolação de qualquer decisão sobre pedido de tutela antecipada contra a Fazenda Pública, que tenha por pressuposto a constitucionalidade ou a inconstitucionalidade do art. 1º da Lei n. 9.494/97, sustando ainda, com a mesma eficácia, os efeitos futuros dessas decisões antecipatórias de tutela já proferidas contra a Fazenda Pública (...)". Em 1º de outubro de 2008, a sessão plenária do STF confirmou essa decisão, julgando procedente a ação, com voto vencido do Min. Marco Aurélio.

Mas o Superior Tribunal de Justiça restringiu a extensão do art. 1º da Lei n. 9.494/97, que "não pode vedar toda e qualquer medida antecipatória, em qualquer circunstância, podendo o juiz concedê-la, em casos especialíssimos, sob pena de frustração do próprio direito" (*RSTJ*, 138:484).

20.2.2. IMPUGNAÇÕES À DECISÃO QUE CONCEDE A LIMINAR

Contra a decisão interlocutória concessiva de liminar, o recurso adequado será o agravo de instrumento.

O agravo segue o regime comum do Código de Processo Civil, devendo ser apresentado em quinze dias perante o órgão *ad quem*.

No prazo de 3 dias, o agravante tem de comunicar ao juízo a interposição, momento em que ele pode retratar-se.

Além do agravo, admite-se uma outra forma de obter a suspensão de efeitos da liminar, estabelecida no art. 4º da Lei n. 8.437/92: "Compete ao presidente do tribunal, ao qual couber o conhecimento do respectivo recurso, suspender, em despacho fundamentado, a execução da liminar nas ações movidas contra o Poder Público ou seus agentes, a requerimento do Ministério Público ou da pessoa jurídica de direito público interessada, em caso de manifesto interesse público ou de flagrante ilegitimidade, e para evitar grave lesão à ordem, à saúde, à segurança e à economia públicas".

São vários os requisitos para a suspensão da liminar, pelo presidente do tribunal respectivo: **a)** que haja requerimento do Ministério Público ou da pessoa jurídica de direito público interessada; **b)** que o requerimento seja dirigido ao presidente do tribunal competente para julgar eventual recurso, naquela ação; **c)** que se trate de liminar concedida em ação movida contra o Poder Público e seus agentes; **d)** que o presidente do tribunal verifique estarem presentes aquelas situações de perigo que justificam a providência.

A leitura do dispositivo traz a falsa impressão de que, para a suspensão da liminar, seria imprescindível a interposição do agravo pelo ente público prejudicado. Mas ela é forma de impugnação independente, que dispensa o agravo. Como estabelece o § 6º do art. 4º da Lei n. 8.437/92: "A interposição do agravo de instrumento contra liminar concedida nas ações movidas contra o Poder Público e seus agentes não prejudica nem condiciona o julgamento do pedido de suspensão a que se refere este artigo".

Embora o presidente do tribunal tenha o poder de, nas hipóteses mencionadas em lei, suspender a liminar, não pode reformar ou cassar a decisão. Para tanto, é indispensável o agravo. O pedido de suspensão não pode ser considerado uma nova espécie de recurso ou um sucedâneo do agravo.

Para deferir a suspensão requerida, o presidente do tribunal pode ouvir o autor e o Ministério Público no prazo de 72 horas.

Da decisão que conceder ou negar a suspensão da liminar, cabe agravo interno, para o mesmo Tribunal. O prazo para a interposição desse agravo, que inicialmente era de 5 dias, nos termos do § 3º do art. 4º da Lei n. 8.437/92, com a redação dada pela MP n. 2.180-35, de 2001, passou a ser de 15 dias, nos termos do art. 1.070 do CPC.

Se do julgamento desse agravo interno resultar a manutenção ou restabelecimento da liminar, caberá novo pedido de suspensão, agora para o presidente do tribunal competente para conhecer de eventual recurso especial ou extraordinário.

O pedido pode ser deferido liminarmente pelo presidente do tribunal se este constatar, em juízo prévio, a plausibilidade do direito invocado e a urgência.

A suspensão vigorará até o trânsito em julgado da decisão de mérito na ação principal.

Contra a decisão denegatória de liminar, cabe agravo de instrumento, sendo possível ao autor requerer ao relator do recurso o efeito ativo, isto é, a concessão da medida que havia sido negada pelo órgão de origem.

Sempre que houver agravo, seja em caso de concessão, seja de denegação da liminar, o juiz pode retratar-se, comunicando o Tribunal, caso em que poderá haver novo agravo da parte contrária.

Sem agravo, o juiz não poderá reconsiderar a sua decisão, salvo se forem trazidos aos autos elementos novos, ainda não apresentados, e suficientes para, por si sós, provocar uma mudança de convicção.

21 CITAÇÃO

Não há particularidades a respeito da citação nas ações civis públicas. Todas as formas são admitidas, observadas as restrições do art. 247 do Código de Processo Civil, quando se tratar de citação pelo correio.

Há necessidade de cumprir-se o art. 94 do Código de Defesa do Consumidor, que trata especificamente das ações coletivas para a defesa dos interesses individuais homogêneos: "Proposta a ação, será publicado edital no órgão oficial, a fim de que os interessados possam intervir no processo como litisconsortes, sem prejuízo de ampla divulgação pelos meios de comunicação social por parte dos órgãos de defesa do consumidor".

Já se esclareceu anteriormente que o ingresso de eventual interessado, depois de proposta a ação, não se dará na condição de litisconsorte, mas de assistente litisconsorcial.

Não se trata de citação de eventuais interessados, mas de verdadeira intimação. Não seria viável que fosse feita pessoalmente, dada a impossibilidade de serem conhecidos previamente todos os interessados. Daí ser feita por edital.

Embora o art. 94 do Código de Defesa do Consumidor esteja no capítulo das ações coletivas para a defesa de interesses individuais homogêneos, a publicação do edital e a divulgação por meios de comunicação são exigidas mesmo em se discutindo interesses difusos e coletivos. E a razão é o art. 104 desse Código: as ações coletivas para defesa de interesses difusos e coletivos não geram litispendência para as ações individuais, mas a coisa julgada *erga omnes* ou *ultra partes* não beneficiará os autores das ações individuais que, no prazo de 30 dias, não requererem a sua suspensão, a contar da ciência nos autos do ajuizamento da ação.

Daí ser fundamental que haja divulgação da ação coletiva para que os autores das individuais possam requerer-lhe a suspensão, se o desejarem, beneficiando-se com o resultado favorável daquela.

A publicação do edital será feita uma única vez no órgão oficial e deve obedecer às regras gerais da citação e intimação feitas por esse meio.

22 SENTENÇA

Não são apenas condenatórios os pedidos que podem ser formulados na ação civil pública. Embora a Lei da Ação Civil Pública mencionasse apenas essa possibilidade, o art. 83 do Código de Defesa do Consumidor não deixa qualquer dúvida: a sentença pode ser condenatória, constitutiva ou declaratória, conforme o pedido que tenha sido formulado.

Caso ela imponha condenação em obrigação de fazer ou não fazer, pode ainda determinar as providências de natureza coercitiva que visem o seu cumprimento. Entre as formas de coerção, destacam-se as multas diárias, comumente chamadas de *astreintes*. Pode ainda determinar outras medidas coercitivas, para o cumprimento da tutela específica, ou que assegure resultado prático equivalente.

Não há peculiaridades importantes na sentença proferida nas ações civis públicas para a defesa de interesses difusos e coletivos. Porém, nas que versam sobre os individuais homogêneos, deve-se observar a regra do art. 95 do Código de Defesa do Consumidor: "Em caso de procedência do pedido, a condenação será genérica, fixando a responsabilidade do réu pelos danos causados".

Há uma fundamental distinção, nesse passo, entre a defesa de interesses difusos e coletivos e de interesses individuais homogêneos.

Nas duas primeiras, o produto da condenação reverterá não em proveito de pessoas determinadas, mas de um fundo gerido por um Conselho Federal ou por Conselhos Estaduais, na forma do art. 13 da Lei da Ação Civil Pública. Já nas ações para a defesa de interesses individuais homogêneos, a condenação em dinheiro é atribuída preferencialmente aos lesados, que deverão promover as respectivas liquidações.

Somente se, após um ano, não aparecerem vítimas em número compatível com a gravidade do dano, o Ministério Público poderá promover a liquidação e execução da indenização, que reverterá ao fundo para reconstituição dos bens lesados.

Por isso, a condenação há de ser genérica: não se sabe de antemão quais e quantos são os lesados e qual a extensão do dano de cada um. Tudo isso deve ser objeto de liquidação oportuna.

O juiz limitar-se-á a dizer, em caso de procedência, que condena o réu a ressarcir todas as vítimas de determinado acidente, ocorrido por força de um defeito na fabricação de um produto posto no mercado de consumo, sem indicar qual o valor total da indenização, para que, assim, cada um dos lesados possa, em liquidação, demonstrar a extensão dos prejuízos que sofreu.

O art. 324 do Código de Processo Civil já prevê a possibilidade de pedidos genéricos nas hipóteses mencionadas por seus incisos. Uma delas é a de não poderem ser apuradas, de plano, as consequências do ato ou fato ilícito (art. 324, § 1º, II). Na ação civil pública, a condenação é ainda mais genérica, porque a sentença nem sequer indica quais e quantos são os lesados, o que deverá ser apurado em liquidação. Nela, antes da apuração do valor da indenização a ser paga, será imposto ao lesado que prove a sua condição. Aquele que quiser ser indenizado terá de demonstrar que se enquadra naquela situação abstrata descrita na sentença. Os interesses individuais homogêneos são os que têm uma origem comum. O lesado terá de provar que os danos que sofreu têm essa origem, para só então demonstrar a sua extensão.

Uma sentença dessa natureza, que imponha ao réu uma condenação genérica, obrigá-lo-á não propriamente a ressarcir os danos apurados, mas todos os provocados, porque, caso não apareçam os lesados, os entes de que trata o art. 82 do Código de Defesa do Consumidor promoverão a liquidação e execução da indenização devida em favor do fundo.

O art. 96 desse Código foi vetado. Ele dizia: "transitada em julgado a sentença condenatória, será publicado edital, observado o disposto no art. 93".

Apesar do veto, o juiz deve publicar o edital, sob pena de tornar inexequível o disposto no art. 100. Esse dispositivo estabelece que, se, no prazo de um ano, não aparecerem interessados para habilitar e liquidar o seu crédito, em número compatível com a gravidade do dano, será promovida a liquidação e execução da indenização pelos entes do art. 82, que reverterá em proveito do fundo.

É fundamental, ao sistema das ações coletivas que versem interesses individuais homogêneos, que a sentença tenha ampla divulgação, para que todos os lesados tomem conhecimento e possam requerer a liquidação e habilitação de seu crédito. Sem isso, eles não promoverão a habilitação. O prazo de um ano, referido pelo art. 100, só poderá contar da data em que for publicado o edital, quando se poderão considerar intimados os lesados.

O veto ao art. 96 é inócuo, e deve haver a publicação de edital, intimando os lesados a se habilitarem.

23 RECURSOS

O sistema de recursos na ação civil pública é aquele do Código de Processo Civil. Os tipos, as hipóteses de cabimento, os prazos e o processamento seguem, de forma geral, as regras comuns.

Há uma peculiaridade que deve ser examinada, e que está mencionada no art. 14 da Lei da Ação Civil Pública: "O juiz poderá conferir efeito suspensivo aos recursos, para evitar dano irreparável à parte".

No sistema das ações coletivas, em regra, os recursos não têm efeito suspensivo, mesmo aqueles que o teriam no regime comum do Código de Processo Civil. Mas a lei atribui ao juiz a possibilidade de, excepcionalmente, em decisão fundamentada, outorgá-lo, desde que verifique a existência de perigo de prejuízo irreparável à parte. A parte prejudicada pela decisão, ao interpor o recurso, deve requerer ao juiz que o faça, indicando qual o perigo a que está sujeita.

A regra do art. 14 vale para todos os recursos, inclusive a apelação. Embora o CPC atribua a esse recurso, como regra, efeito suspensivo, na ação civil pública ela não o terá. Mas o apelante poderá solicitar ao juiz que atribua à apelação o efeito suspensivo de que ela, no regime da ação civil pública, não dispõe. Para que o juiz conceda esse efeito, indispensável que estejam presentes os requisitos do art. 14 da Lei da Ação Civil Pública.

O mesmo vale para os recursos especial e extraordinário, cabendo ao órgão *a quo* decidir pela concessão ou não de efeito suspensivo.

Discute-se sobre a possibilidade de renúncia ou desistência do recurso, nas ações coletivas. A renúncia é a manifestação de vontade do interessado, no sentido de que não deseja interpor recurso. Pressupõe que este ainda não tenha sido apresentado. A desistência é sempre de recurso já interposto. Tanto uma quanto outra são atos unilaterais que independem do consentimento da parte contrária.

Na ação civil pública não há qualquer óbice para a renúncia ou a desistência do recurso. Se até mesmo a desistência da ação é possível, com maior razão deve-se admitir a do recurso: quem pode o mais, pode o menos.

Com a desistência, a sentença transitará em julgado. Pode haver renúncia ou desistência até mesmo pelo Ministério Público, diversamente do que ocorre no processo penal, se o *Parquet* verificar que a sua interposição não era apropriada, e que não há razões para o inconformismo nele manifestado.

Os recursos não ficam sujeitos a razões de conveniência ou oportunidade, mas à verificação de que a sua interposição ou o prosseguimento não se justificam.

Nas ações civis públicas, haverá remessa necessária nas hipóteses do art. 496 do Código de Processo Civil, isto é, quando houver sucumbência da Fazenda Pública.

24 DESISTÊNCIA DA AÇÃO

A Lei da Ação Civil Pública não trata de forma detalhada da desistência da ação. Há uma única referência no § 3º do art. 5º: "Em caso de desistência infundada ou abandono da ação por associação legitimada, o Ministério Público ou outro legitimado assumirá a titularidade ativa".

Esse dispositivo trata da desistência pelas associações, e não pelos outros legitimados. No entanto, não pode haver dúvidas quanto a tal possibilidade.

O próprio Ministério Público pode desistir da ação, motivadamente. É preciso que ele fundamente o seu pedido. O juiz verificará se as razões lançadas são suficientes. Em caso afirmativo, haverá homologação do pedido de desistência; em caso negativo, a solução será remeter os autos ao Conselho Superior do Ministério Público (por analogia ao que ocorre nos inquéritos civis, quando há pedido de arquivamento). Se o Conselho insistir no pedido de desistência, nada restará ao juiz senão homologá-lo. Do contrário, o Conselho Superior designará outro promotor, a quem caberá dar prosseguimento à ação civil pública.

Muito se discutiu, e ainda se discute, sobre a possibilidade de o Ministério Público desistir de ação civil em andamento. Argumenta-se que o interesse em jogo é indisponível, e que o promotor, por dever de ofício, é obrigado a perseguir a reparação dos interesses lesados cuja defesa seja a ele cometida.

Invoca-se, ainda, a impossibilidade de ele desistir da ação penal. Mas nenhum dos argumentos convence. Na ação penal o Ministério Público é o titular único, e os interesses em jogo são diferentes daqueles tutelados nas ações civis públicas. Há proibição expressa de desistência no Código de Processo Penal. Nas ações civis públicas, tal proibição não existe. A desistência não implica a disposição do direito, que remanesce íntegro. Ao homologá-la, o juiz extingue o processo sem resolução de mérito, o que permite que a ação volte a ser proposta no futuro. E, se é certo que cumpre ao Ministério Público zelar pela preservação dos interesses cuja defesa foi a ele cometida, cabe-lhe também verificar se efetivamente há provas bastantes para demonstrar a existência da lesão, e se a forma mais eficaz de tutelar o interesse é permitir o prosseguimento da ação. Nem sempre isso será a melhor forma de proteger o direito *sub judice*. Imagine-se que o membro do Ministério Público verifique que a ação foi mal proposta, que a petição inicial não está bem elaborada, ou que as provas são insuficientes. É preferível que ele desista da ação, aguardando talvez melhor oportunidade para o ajuizamento de outra, em que esteja mais bem aparelhado para lograr êxito. Não se trata de atribuir ao Ministério Público discricionariedade para, por razões de conveniência e oportunidade, decidir se a ação deve ou não ser proposta e se deve ou não prosseguir, mas de dar-lhe a possibilidade de verificar se, na forma como a demanda foi proposta, e vem sendo conduzida, convém prosseguir ou não.

Os demais entes também podem desistir da ação. Em todas as hipóteses, não apenas das associações, mas também dos entes estatais, o Ministério Público deve fiscalizar se a desistência é ou não fundada. Em caso afirmativo, ele não assumirá a titularidade ativa. Em caso negativo, ele o fará.

Sempre que houver desistência de qualquer dos colegitimados, o juiz ouvirá o Ministério Público, que deverá esclarecer se assumirá ou não o polo ativo. Em caso negativo, o juiz examinará a recusa do promotor e, se dela discordar, remeterá os autos ao Conselho Superior do Ministério Público, que, se entender que a ação deva prosseguir, nomeará promotor em substituição.

Não apenas o Ministério Público poderá assumir a titularidade ativa, em caso de desistência, mas qualquer um dos colegitimados. Caso a associação civil desista, nada impede que um dos entes estatais legitimados possa assumir a titularidade ativa, e vice-versa.

25 TRANSAÇÃO

Discute-se sobre a possibilidade de as partes, em ação civil pública, transigirem, para pôr fim ao processo com julgamento de mérito. A transação judicial é o acordo celebrado, quando há processo em curso, com a finalidade de encerrá-lo.

No capítulo que versa sobre o inquérito judicial, será discutido o compromisso de ajustamento, que consiste em o causador da lesão se comprometer a cumprir determinada conduta, para solucionar o problema por ele ocasionado, sem a necessidade de recorrer-se ao Judiciário. O compromisso de ajustamento tem por finalidade evitar a propositura da ação de conhecimento. O causador do dano compromete-se a resolver o problema extrajudicialmente. Se o fizer, não haverá demanda; do contrário, será promovida a execução do termo, que vale, desde que preenchidos os requisitos, como título executivo extrajudicial.

A transação judicial, por sua vez, pressupõe processo em andamento; se homologada em juízo, constitui título executivo judicial.

Em princípio, ela não é admitida entre o autor da ação civil pública e o réu, na medida em que o demandante não é o titular do direito litigioso, que pertence a todo um grupo, classe ou categoria de pessoas. O ente legitimado age na condição de substituto processual, o que o impede de transigir, uma vez que a ninguém é dado dispor do que não lhe pertence. É possível admitir a transação quando esta não impuser ao legitimado nenhuma renúncia dos interesses em litígio, mas versar apenas sobre a forma de cumprimento de obrigação.

Em ação civil pública que se destina a obrigar uma empresa poluente a instalar filtros nas chaminés, não se poderá homologar acordo pelo qual o autor, renunciando parcialmente ao seu direito, substitua a obrigação que pretendia impor ao réu por outra, de natureza diversa. Mas será possível transigir, por exemplo, para conceder ao réu um prazo, no qual ele se comprometa a instalar os filtros. Admite-se a transação, em síntese, quando esta, aproximando-se de verdadeiro reconhecimento jurídico por parte do réu, versar apenas sobre a forma de cumprimento da obrigação, sem renúncia por parte do autor, que não é o titular do direito, mas substituto processual.

Se houver vários autores, todos devem ser ouvidos. O Ministério Público também, seja como colegitimado, seja como interveniente fiscal da ordem jurídica. Pode ele discordar da transação, em manifestação fundamentada, caso em que o juiz examinará se estão presentes ou não os requisitos. Se este entender pela afirmativa, promoverá a homologação, cabendo ao Ministério Público recorrer da decisão. Do contrário, não a homologará, e o processo prosseguirá.

Havendo ou não discordância, caberá sempre ao juiz fiscalizar se estão preenchidos os requisitos da transação. Caso verifique que há renúncia a direito, e que ela não preserva, de maneira adequada, os interesses da categoria, classe ou grupo titular do direito, negará homologação em decisão sujeita a agravo.

Quando a transação for celebrada pelo Ministério Público, não haverá necessidade de que esta seja submetida previamente ao Conselho Superior, haja vista que, no Estado de São Paulo, este editou a Súmula 25, que assim estabelece: "Não há intervenção do Conselho Superior do Ministério Público quando a transação for promovida pelo promotor de Justiça no curso da ação civil pública ou coletiva". Nesses casos, o controle da transação não é mais administrativo, como nos compromissos de ajustamento, mas judicial, cabendo ao juiz verificar se estão preenchidos os requisitos para a homologação.

26 COISA JULGADA

Consiste na qualidade dos efeitos da sentença (ou decisão de mérito) que, quando não couber mais recurso, tornam-se imutáveis. A inalterabilidade repercute no processo em que a sentença foi proferida e pode projetar efeitos externos, impedindo que idêntica demanda volte a ser proposta. Daí por que se diz que a coisa julgada pode ser examinada sob dois aspectos: o formal e o material.

O primeiro consiste na imutabilidade da sentença no próprio processo em que esta foi proferida, isto é, a partir do instante em que, contra ela, não caiba mais recurso. Ocorre em todos os tipos de sentença, sejam elas definitivas ou meramente terminativas. Não há peculiaridades no que concerne à coisa julgada formal, nas ações civis públicas.

A coisa julgada material reflete-se na impossibilidade de ser aforada outra idêntica ação. Deve ser examinada sob o aspecto objetivo e subjetivo.

Quanto ao aspecto objetivo, implica a verificação das matérias que ficam acobertadas pela imutabilidade e não podem mais ser discutidas em outro processo. À ação civil pública aplica-se a regra geral dos arts. 503 e 504 do Código de Processo Civil: "A decisão, que julgar total ou parcialmente o mérito, tem força de lei nos limites da questão principal expressamente decidida". "Não fazem coisa julgada: I – os motivos, ainda que importantes para determinar o alcance da parte dispositiva da sentença; II – a verdade dos fatos, estabelecida como fundamento da sentença".

Há, no entanto, uma particularidade: a coisa julgada *secundum eventum litis*. A matéria vem tratada no art. 16 da Lei da Ação Civil Pública, que assim estabelece: "A sentença civil fará coisa julgada *erga omnes*, nos limites da competência territorial do órgão prolator, exceto se o pedido for julgado improcedente por insuficiência de provas, hipótese em que qualquer legitimado poderá intentar outra ação com idêntico fundamento, valendo-se de nova prova".

O Código de Defesa do Consumidor foi mais preciso. Quando a ação versar sobre interesse difuso, haverá coisa julgada *erga omnes*, salvo caso de improcedência por insuficiência de provas; sobre interesse coletivo, coisa julgada *ultra partes*, salvo improcedência por insuficiência de provas; e sobre interesse individual homogêneo, coisa julgada *erga omnes*, apenas no caso de procedência.

Em resumo, na hipótese de interesses difusos e coletivos não haverá coisa julgada material, quando for proferida sentença de improcedência por insuficiência de provas; e no caso de interesses individuais homogêneos não haverá coisa julgada material, em se tratando de improcedência.

Não se segue aqui a regra geral do Código de Processo Civil, em que a decisão de mérito faz coisa julgada, independentemente da fundamentação. Uma sentença de improcedência é uma sentença de mérito e deveria ficar acobertada pela coisa julgada material. Porém, tendo em vista que os entes legitimados são substitutos processuais da categoria, classe ou grupo a quem pertencem os interesses lesados, houve por bem a lei afastar a coisa julgada material nas hipóteses acima mencionadas, ainda que a sentença seja de mérito.

Nas ações civis públicas para defesa de interesses difusos e coletivos, haverá ou não coisa julgada, conforme a motivação que tenha sido dada à sentença. Se a improcedência decorrer de negativa de autoria, ou de inexistência do fato, ou dos danos, a ação não poderá ser reproposta. Mas se a fundamentação for a falta de provas, não haverá coisa julgada material. Eis um caso em que a motivação da sentença repercute sobre a formação da coisa julgada. Disso advêm consequências para o direito recursal. Em regra, o réu não tem interesse de recorrer de uma sentença de improcedência, seja qual for a motivação a ela dada, porque a sentença faz coisa julgada material, e a ação não pode ser reproposta. Todavia, se, em ação civil pública, a improcedência basear-se em insuficiência de provas, o legitimado terá interesse de apelar, exclusivamente para alterar-lhe a fundamentação, e, com isso, obter uma sentença cujos efeitos sejam imutáveis, sem possibilidade de repropositura.

Nas ações coletivas para a defesa de interesses individuais homogêneos, haverá coisa julgada *erga omnes* apenas em caso de procedência. Quando a sentença for de improcedência, não haverá coisa julgada *erga omnes*, seja qual for a fundamentação. Isso significa que as vítimas não ficarão prejudicadas, podendo ajuizar as suas demandas individuais. Mas não poderá haver nova ação coletiva.

No caso de interesses difusos e coletivos, aplica-se o disposto no art. 103, § 1º, do Código de Defesa do Consumidor: "Os efeitos da coisa julgada previstos nos incisos I e II não prejudicarão interesses e direitos individuais dos integrantes da coletividade, do grupo, categoria ou classe". Para ilustrar, proposta ação civil pública por um dos legitimados do art. 82 do Código de Defesa do Consumidor contra empresa poluidora, para que esta se abstenha de continuar lançando poluentes no ar, caso a demanda venha a ser julgada improcedente por insuficiência de provas, não haverá coisa julgada para ninguém, nem mesmo para os colegitimados. Qualquer dos entes do art. 82 pode novamente propor a mesma ação. Entretanto, se a improcedência for por outro motivo, que não a insuficiência de provas, a mesma ação não poderá ser proposta pelos legitimados do art. 82. Mas não haverá coisa julgada para o particular que integre o grupo, categoria ou classe, e que queira mover ação para a defesa de seu interesse individual. Se um vizinho da fábrica adoeceu e sofreu danos decorrentes da emissão dos poluentes na atmosfera, poderá ele propor ação individual de reparação de danos, não podendo a fábrica defender-se sob o argumento de que foi vitoriosa na ação coletiva.

Na hipótese de interesse individual homogêneo, em caso de improcedência, seja qual for o fundamento, os interessados poderão propor as suas ações individuais, salvo se houverem intervindo no processo como litisconsortes (*rectius*, assistentes litisconsorciais).

Em resumo:

a) Interesses difusos: em caso de procedência, haverá coisa julgada *erga omnes*. Se for de improcedência por insuficiência de provas, não haverá coisa julgada, e a ação coletiva poderá ser reproposta por qualquer dos legitimados do art. 82; em caso de improcedência por outra razão, haverá coisa julgada, o que impedirá a repropositura da ação coletiva, mas não de eventuais ações individuais por integrantes da categoria, classe ou grupo.

b) Interesses coletivos: aplica-se o mesmo entendimento exposto acerca dos difusos, com a ressalva de que a coisa julgada é *ultra partes*. A razão para que, nas ações para defesa dos interesses difusos e individuais homogêneos, a coisa julgada seja *erga omnes* e nas coletivas, *ultra partes*, é que, nas duas primeiras, os membros da categoria, classe ou grupo têm em comum uma situação de fato. Nos coletivos, por outro lado, as pessoas são unidas por um vínculo jurídico. O que se quer dizer com tais expressões é que o ente legitimado (art. 82) será substituto processual de todos os integrantes da categoria, classe ou grupo titular do interesse lesado, estejam eles unidos por um vínculo fático ou jurídico. Vale lembrar, porém, o que já foi observado quando se tratou da legitimidade das associações civis para a propositura de ação civil pública. O Plenário do Supremo Tribunal Federal, no julgamento do RE n. 612.043 – PR, Rel. Min. Marco Aurélio, de 10 de maio de 2017, decidiu que, nesse caso, a sentença de procedência só beneficiará os associados, residentes no território de jurisdição do órgão julgador, e que já tinham a condição de filiados antes ou até a data da propositura da ação, reconhecida a constitucionalidade do art. 2º-A, da Lei n. 9.494/97.

c) Interesses individuais homogêneos: em caso de procedência, todos os lesados serão beneficiados. Em caso de improcedência, não haverá nova ação coletiva, mas nenhum lesado individual será prejudicado pela coisa julgada, exceto os que tenham ingressado como assistentes litisconsorciais.

Em todos os casos de ação civil pública sobre interesse difuso, coletivo ou individual homogêneo, a coisa julgada *erga omnes* ou *ultra partes* não beneficiará aqueles autores de ações individuais que, tendo ciência da ação coletiva, não requererem a sua suspensão no prazo de 30 dias. É o que estabelece o art. 104 do Código de Defesa do Consumidor: "As ações coletivas, previstas nos incisos I e II do parágrafo único do art. 81, não induzem litispendência para as ações individuais, mas os efeitos da coisa julgada *erga omnes* ou *ultra partes* a que aludem os incisos II e III do artigo anterior não beneficiarão os autores das ações individuais, se não for requerida sua suspensão no prazo de trinta dias, a contar da ciência nos autos do ajuizamento da ação coletiva".

Há uma falha de redação no dispositivo acima referido, que remete aos incisos II e III do art. 81, quando o correto seria aos incisos I, II e III.

Duas são as opções para o que ajuizou a ação individual. Pode preferir que ela prossiga, caso em que não se beneficiará do resultado da ação coletiva, mesmo que ela venha a ser julgada procedente. Se isso ocorrer, e a sua ação individual for improcedente, ele não se beneficiará da extensão subjetiva da coisa julgada na ação coletiva. Como deixa claro o artigo, não haverá litispendência entre a ação individual e a coletiva, e aquela poderá prosseguir normalmente. Se essa for a opção do autor da demanda individual, o resultado favorável da coletiva não lhe trará nenhum benefício.

A outra alternativa é requerer a suspensão do processo individual (não a extinção) no prazo de 30 dias, a contar da ciência do aforamento da ação coletiva. Nesse caso, se a sentença na ação coletiva for favorável, ele se beneficiará, e o processo individual poderá ser extinto, ou eventualmente prosseguir apenas para a apuração do *quantum debeatur*. Mas se for improcedente, a ação individual prosseguirá, diante do que dispõe o art. 103, § 3º, do Código de Defesa do Consumidor.

Quando houver em curso ação coletiva para a defesa de interesses individuais homogêneos e ação individual, não haverá entre elas relação de litispendência, mas de continência. Se o autor da ação individual não lhe requerer a suspensão no prazo de 30 dias, ela deverá ser reunida à ação principal para julgamento conjunto.

O sistema da coisa julgada, nas ações coletivas, embora influenciado pelo das *class actions* americanas, dele se diferencia em muitos pontos. No sistema das *class actions* vigora o princípio da representatividade adequada, em que, concluindo o Judiciário que houve adequada representação da classe, e tendo os integrantes recebido uma *fair notice* do processo, os efeitos da coisa julgada se estenderão a todos os interessados. Em algumas hipóteses, porém, o interessado pode exercer o *right of opt out*, isto é, o direito de excluir-se dos efeitos da coisa julgada, seja qual for o resultado da demanda.

O nosso sistema é diferente. Proposta ação coletiva para defesa de interesses individuais homogêneos, os interessados poderão ingressar como assistentes litisconsorciais, vinculando-se ao resultado da demanda, seja qual ele for. Se não o fizerem, a coisa julgada só se estenderá a eles se a ação for julgada procedente. Em caso de improcedência, os interessados, individualmente, poderão propor ações singulares. Se a ação singular houver sido proposta por autor individual antes da propositura da ação coletiva, poderá ele optar entre prosseguir na ação individual – que correrá independentemente da ação coletiva e não beneficiará, em nenhuma hipótese, o seu autor – ou requerer, em 30 dias, contados da ciência nos autos do ajuizamento da ação coletiva, a suspensão da individual, beneficiando-se do resultado favorável da coletiva.

Improcedente o pedido na ação coletiva, os efeitos da coisa julgada não atingirão os interessados que não se habilitaram como litisconsortes, ainda que tenham sido eles adequadamente representados e tenham tomado plena ciência da ação coletiva.

Porém, em havendo procedência, os efeitos da coisa julgada beneficiarão todos os interessados, salvo os que não requereram a suspensão das ações individuais no prazo legal.

27 CUSTAS, DESPESAS PROCESSUAIS E HONORÁRIOS ADVOCATÍCIOS

O art. 18 da Lei da Ação Civil Pública regula o regime de custas e honorários advocatícios das ações coletivas: "Nas ações de que trata esta Lei, não haverá adiantamento de custas, emolumentos, honorários periciais e quaisquer outras despesas, nem condenação da associação autora, salvo comprovada má-fé, em honorários de advogado, custas e despesas processuais". Essas regras vêm repetidas pelo art. 87 do Código de Defesa do Consumidor, e afastam a incidência do princípio geral dos arts. 82 e 95 do Código de Processo Civil.

A regra da isenção aplica-se exclusivamente ao autor da ação coletiva e vale para todas as despesas e custas processuais, mas não ao réu, que deve antecipar as referentes aos atos processuais por ele requeridos. Deve este ainda recolher as custas, quando praticar os atos que as exigem, como o preparo do recurso.

Resta verificar quais as regras referentes à sucumbência. A geral, do Processo Civil, é estabelecida no art. 85 do diploma correspondente: "A sentença condenará o vencido a pagar honorários ao advogado do vencedor".

Cumpre examinar todas as possibilidades: **a)** pode ocorrer que o pedido seja julgado procedente, sendo vencido o réu, ao qual serão carreadas as custas, as despesas processuais e os honorários do advogado do autor. Sendo vencedor o Ministério Público, que tem capacidade postulatória, dada a sua natureza e atribuições, do valor a ser pago pelo vencido, a título de sucumbência, deverão ser excluídos os honorários advocatícios. Se a ação tiver sido proposta pelos demais legitimados, o réu pagará ao vencedor os honorários advocatícios; **b)** se o pedido for julgado improcedente, o Ministério Público jamais pagará honorários advocatícios à parte contrária, nem terá de repor as custas por ela despendidas, salva comprovada má-fé; **c)** se o pedido for improcedente, e o autor for associação, esta não será condenada a pagar as custas, despesas processuais nem honorários advocatícios, salvo comprovada má-fé, caso em que os diretores responsáveis pela propositura da ação serão solidariamente condenados a pagá-los, bem como as custas, em décuplo, sem prejuízo da responsabilidade por perdas e danos (art. 87, parágrafo único, do CDC); **d)** se o autor for outro ente, que não o Ministério Público, ou as associações civis, caso vencido, arcará com as verbas de sucumbência, o que inclui as custas, as despesas processuais e os honorários advocatícios.

28 DA LIQUIDAÇÃO E CUMPRIMENTO DE SENTENÇA

A liquidação e execução, nas ações para a defesa de interesses difusos e coletivos, são diferentes daquelas que versam sobre os interesses individuais homogêneos. As primeiras são tratadas pela Lei n. 7.347/85:

havendo condenação em dinheiro, quando não houve tutela específica, a indenização reverterá a um fundo gerido por um Conselho Federal ou por Conselhos Estaduais, de que participarão necessariamente o Ministério Público e representantes da comunidade, sendo seus recursos destinados à reconstituição dos bens lesados (art. 13). Já em ações para a defesa dos interesses individuais homogêneos, a liquidação obedecerá ao disposto no art. 97 do Código de Defesa do Consumidor. Cada uma das formas de liquidação será estudada separadamente.

28.1. DA LIQUIDAÇÃO E CUMPRIMENTO DE SENTENÇA NAS AÇÕES COLETIVAS PARA A DEFESA DE INTERESSES DIFUSOS E COLETIVOS

Nesses casos, é possível que a condenação em dinheiro seja estabelecida em valor específico, diversamente do que ocorre nas ações para a defesa de interesses individuais homogêneos, em que a condenação será sempre genérica. Quando a sentença indicar, por sua vez, o valor da condenação, será desnecessária a liquidação.

Mas se mesmo na defesa dos interesses difusos e coletivos o valor for genérico, far-se-á liquidação prévia, na forma geral estabelecida pelo Código de Processo Civil: por arbitramento ou pelo procedimento comum. Se o valor puder ser obtido por simples cálculos aritméticos, ela será desnecessária.

A liquidação será coletiva quando promovida pelos colegitimados da ação civil pública. Apurado o valor da condenação, caber-lhes-á promover o cumprimento de sentença, que reverterá para o fundo de reconstituição dos bens lesados.

Aqueles particulares, autores de ações individuais, que tenham requerido a sua suspensão, na forma do art. 104 do Código de Defesa do Consumidor, poderão requerer a liquidação dos danos que tenham sofrido, sem prejuízo da liquidação coletiva do valor destinado ao fundo, a ser realizada na ação civil pública.

O art. 15 da Lei da Ação Civil Pública estabelece que: "Decorridos 60 (sessenta) dias do trânsito em julgado da sentença condenatória, sem que a associação autora lhe promova a execução, deverá fazê-lo o Ministério Público, facultada igual iniciativa aos demais legitimados". Durante os 60 dias iniciais, cumpre à própria associação a legitimidade para promover o cumprimento de sentença, uma vez que foi ela a vencedora da ação civil pública. Havendo inércia de sua parte, caberá ao Ministério Público promovê-lo, ou a qualquer dos colegitimados.

28.2. DA LIQUIDAÇÃO E O CUMPRIMENTO DE SENTENÇA NAS AÇÕES COLETIVAS PARA A DEFESA DE INTERESSES INDIVIDUAIS HOMOGÊNEOS

Reguladas pelo art. 97 do Código de Defesa do Consumidor, são legitimados para promovê-las a vítima e seus sucessores, bem como os legitimados do art. 82.

De acordo com o art. 95 do diploma em referência, a condenação, em caso de procedência do pedido, será sempre genérica, fixando a responsabilidade do réu pelos danos causados.

À sentença proferida nas ações coletivas para a defesa de interesses individuais homogêneos, haverá de seguir-se, sempre, uma liquidação. E de natureza diferente das previstas no Código de Processo Civil, porque mais ampla que a pelo procedimento comum e a por arbitramento. Parece-nos que essa liquidação continuará a ser feita por processo autônomo, com citação do devedor e julgamento por sentença, que se revista da autoridade da coisa julgada. Não há como considerar essa liquidação apenas uma fase do procedimento, dadas as peculiaridades da tutela coletiva dos interesses individuais homogêneos.

O Código de Processo Civil prevê no art. 324 a possibilidade de condenação genérica. Mas o grau de generalidade dessas sentenças fica muito aquém daquele das sentenças proferidas nas ações coletivas para a defesa de interesses individuais homogêneos. Naquelas, a liquidação é apenas para o estabelecimento do *quantum debeatur*. Nestas, é preciso que se liquidem individualmente os danos. Cada lesado terá de demonstrar primeiro a sua condição de vítima de danos provenientes da origem comum, que ensejou o aforamento da ação civil pública. É preciso que o juiz reconheça, em favor do liquidante, que este se enquadra naquela situação jurídica tipo que lhe dá o direito de ser indenizado. Por exemplo, se foi ajuizada ação para cobrar indenização pelos danos causados aos adquirentes de um veículo com defeito de fabricação, a sentença condenará genericamente o fabricante a pagar indenização por eles. Mas não dirá quem são os lesados, qual a extensão do dano que cada um sofreu nem o valor a ser indenizado. A sentença estabelece a responsabilidade civil do agente, sem identificar ainda os danos. Todos aqueles que demonstrarem tê-los sofrido, e que sejam provenientes da origem comum, farão jus à indenização.

Será preciso, antes de tudo, que os lesados consigam demonstrar que foram vítimas de prejuízos originados daqueles produtos lançados no mercado pelo fornecedor, réu da ação civil pública; provado isso, eles terão de demonstrar que sofreram danos e qual a sua extensão. A liquidação não se presta apenas para apurar o *quantum debeatur*, mas exige a demonstração de que a vítima tenha efetivamente essa qualidade, algo que não acontece na liquidação de sentenças genéricas do processo civil tradicional.

Diante das peculiaridades da liquidação individual das sentenças genéricas proferidas na ação civil pública, havia controvérsia a respeito da incidência de juros de mora sobre o valor da indenização fundada em responsabilidade contratual. O Superior Tribunal de Justiça, no Recurso Especial n. 1.370.899, de 21 de maio de 2014, Rel. Min. Sidnei Beneti, ao qual foi dada eficácia de recurso repetitivo, nos termos do art. 543-C, do CPC, concluiu: "Para fins de julgamento de Recurso Representativo de Controvérsia (CPC, art. 543-C, com a redação dada pela Lei n. 11.418, de 19-12-2006, declara-se consolidada a tese seguinte: 'Os juros de mora incidem a partir da citação do devedor na fase de conhecimento da Ação Civil Pública, quando esta se fundar em responsabilidade contratual, sem que haja configuração da mora em momento anterior'".

No caso de ilícito extracontratual, aplica-se a Súmula 54 do STJ, que considera devidos os juros desde a data do evento danoso.

São legitimados para a liquidação e execução a vítima e seus sucessores, bem como os legitimados do art. 82. Havendo condenação, sempre genérica, os interessados poderão promover a liquidação ou requerer a uma das entidades legitimadas que a proponha.

A liquidação terá de ser sempre individual. Por isso, se o Ministério Público ou qualquer dos outros legitimados a requerer em nome da vítima ou dos seus sucessores, eles o farão como legitimados extraordinários, em favor do interesse do consumidor, individualmente considerado. Para tanto, é preciso requerimento do interessado, que deverá fornecer os elementos indispensáveis para a liquidação.

Há necessidade de que os interessados se habilitem, seja promovendo a liquidação dos danos por eles sofridos, seja requerendo aos colegitimados que o façam. Isso fica evidente diante do art. 100 do Código de Defesa do Consumidor: decorrido o prazo de um ano sem habilitação de interessados em número compatível com a gravidade do dano, poderão os legitimados do art. 82 promover a liquidação e execução da indenização devida, que reverterá para o fundo criado pela Lei n. 7.347/85. No entanto, se nesse prazo os interessados acorrerem, e se habilitarem em número bastante, os legitimados do art. 82 não poderão propor a liquidação e a execução em favor do fundo. Assim, o causador do dano será condenado a pagar às vítimas que tenham se habilitado nesse prazo de um ano, e ao fundo. Mas, feito isso, os interessados retardatários não perderão a possibilidade de se habilitar, pois, do contrário, estaria sendo criado, por assim dizer, um prazo decadencial especial de no mínimo um ano, mas que se prolonga até o cumprimento do disposto no art. 100.

A proibição de novas habilitações após a liquidação e execução por um dos colegitimados em favor do fundo fere a lógica, porque somente após o transcurso do prazo prescricional de cinco anos é que a vítima perderia o direito de haver reparação pelos danos que sofreu. Entretanto, se já tiver havido liquidação em favor do fundo, o causador dos danos não poderá ser obrigado a ressarcir os novos habilitantes, sob pena de haver *bis in idem*. Isso porque, não havendo habilitações compatíveis, a liquidação do art. 100 deverá abarcar aqueles danos causados, mas que não puderam ser individualmente liquidados, pelo desinteresse dos lesados.

O executado sempre arcará com a totalidade dos danos que causar, quer pelo ressarcimento de todos os consumidores individualmente lesados, quer pela recomposição dos danos da parcela que se habilitou, mais o que foi apurado em favor do fundo, correspondente aos lesados que não se habilitaram, salvo a hipótese em que apenas uma parcela tenha se habilitado, mas em número compatível com a gravidade dos danos. A solução será fazer com que o dinheiro obtido com a liquidação em favor do fundo não seja, desde logo, misturado com as demais verbas que lhe são destinadas, mas fique em conta separada, aguardando novas habilitações de interessados, até que se consume o prazo prescricional. Se novas vítimas se habilitarem, quem pagará a indenização correspondente será o fundo, valendo-se desse dinheiro depositado em conta separada, e não o causador do dano, que não pode responder duas vezes pela mesma obrigação.

É de extrema importância a publicidade no sistema de ações civis para a defesa dos interesses individuais homogêneos. Havendo condenação genérica, todos os lesados deverão ser informados, para que acorram ao Judiciário e promovam individualmente a liquidação de seus danos, ou para que procurem um dos colegitimados do art. 82, solicitando que eles o façam. Se um interessado não tomar conhecimento e não promover a liquidação de seus danos, nem requerer que os legitimados o façam, haverá o cumprimento do disposto no art. 100. Se não tiver ciência do resultado da ação, poderá ele permanecer inerte, e a parcela que lhe caberia sobre o valor da condenação reverterá em proveito do fundo, e só poderá ser recuperada deste, e não do causador do dano.

Sem a ciência aos interessados da sentença condenatória não se lhes pode exigir que se habilitem em tempo necessário. O veto ao art. 96 do Código de Defesa do Consumidor foi extremamente nocivo, criando-se duas questões ao intérprete: saber como será promovida oficialmente a publicidade necessária da sentença condenatória; apurar a partir de quando se contará o prazo de um ano mencionado pelo art. 100.

Deverá haver decisão firme do Judiciário, que dará publicidade da sentença condenatória, sob pena de prejudicar irreparavelmente os sistemas de liquidação e execução criados pelo Código de Defesa do Consumidor. E a melhor forma de fazê-lo, em caráter oficial, é com a publicação de editais.

Note-se que o veto ao art. 96 não cria proibição de que isso seja feito. Apenas gera um vazio no que se refere à publicidade da sentença, que deverá ser suprido. A melhor forma é a publicação dos editais, não mais por determinação legal, mas por exigência do sistema do Código de Defesa do Consumidor, e até das regras principiológicas da coisa julgada, que não permitem que alguém seja prejudicado sem que tenha tido a possibilidade, ao menos em tese, de habilitar-se a tempo, por desconhecimento da sentença condenatória e do ônus que lhe incumbia de promover a liquidação. Não obstante o veto ao art. 96, a melhor solução será que o juiz mande publicar os editais, dando ciência aos interessados da sentença condenatória, e a partir da publicação dos editais começará a correr o prazo de um ano, mencionado no art. 100 do Código de Defesa do Consumidor.

Embora a liquidação tenha de ser sempre individual, o cumprimento de sentença, por força do art. 98 do Código de Defesa do Consumidor, poderá ser coletivo, promovido pelos legitimados do art. 82, e abrangerá as vítimas cujas indenizações já tiverem sido fixadas em sentença de liquidação, sem prejuízo do ajuizamento de outros cumprimentos de sentença. Esse artigo é fonte de dificuldades práticas.

O cumprimento de sentença pode ser proposto pelo individualmente executado, ou coletivamente pelos legitimados do art. 82. A questão é saber quando os cumprimentos coletivos de sentença poderão ser propostos por estes. Havendo, por hipótese, centenas ou milhares de lesados, deverão tais entidades aguardar que um número mínimo de interessados requeira o cumprimento coletivo, ou basta que um grupo de interessados, ainda que mínimo, o solicite? Se assim for, poderá haver centenas ou milhares de cumprimentos coletivos, incluindo, cada um deles, uma pequena parcela de interessados que se habilitaram na liquidação e que, aos poucos, vão requerendo o cumprimento coletivo. A solução é que a entidade legitimada aguarde até que haja um número razoável de interessados individuais, que já tenham promovido a liquidação para o cumprimento coletivo. Guardará o ente legitimado uma certa discricionariedade em dois pontos: o de aguardar tempo que não seja excessivo, para que acorram os interessados, de sorte que, em face da demora, não desestimule os eventuais lesados a requererem cumprimento coletivo, preferindo a solução individual; que seja reunido um grupo razoável de lesados que requeiram o cumprimento coletivo, sendo o critério de razoabilidade aferido de acordo com as circunstâncias de cada caso, em face do número total de lesados.

O cumprimento coletivo jamais será feito em prejuízo de outros cumprimentos de sentença, e os que não o requereram a tempo aos legitimados poderão promover outros individuais, ou até requerer novo cumprimento coletivo, desde que reunido outro grupo em número razoável de interessados.

Outra questão a ser solucionada em face do disposto no art. 100 do Código de Defesa do Consumidor é a de, passado um ano da publicação dos editais, terem se habilitado diversos interessados, mas não em número compatível com a gravidade do dano. Eles não poderão sofrer prejuízo, podendo promover o cumprimento nos termos do art. 98. Paralelamente, os legitimados do art. 82 poderão promover a liquidação e o cumprimento de sentença devida, que reverterá ao fundo.

Como uma parcela ainda que pequena dos interessados habilitou-se e eventualmente já promoveu o cumprimento da sentença que reconheceu os seus danos, do valor a ser indenizado e revertido ao fundo dever-se-ão descontar aqueles a serem pagos individualmente aos consumidores habilitados, sob pena de dupla cobrança. Supondo que 10% dos lesados tenham se habilitado (individualmente ou por meio dos legitimados do art. 82) e que tal número seja considerado incompatível, promovida a liquidação e cumprimento de sentença na forma do art. 100, dever-se-ão descontar do valor a ser pago ao fundo aqueles 10% que já foram pagos individualmente aos lesados. Na prática, far-se-á necessária a realização de cálculos periciais para apuração do valor global dos danos causados e do desconto a ser efetuado pelo que foi pago anteriormente a interessados que diligenciaram no sentido de receber aquilo que lhes era devido. Havendo concorrência entre créditos de consumidores individuais e daqueles devidos ao fundo, deverão ser aplicadas as regras do art. 99 do Código de Defesa do Consumidor.

As dificuldades acima apresentadas dizem respeito apenas ao sistema das ações coletivas para proteção dos interesses individuais homogêneos. Nas de interesses difusos e coletivos, o valor a ser indenizado reverterá sempre ao fundo.

As liquidações e cumprimentos individuais de sentença correrão sempre em autos próprios, e não naqueles em que foi proferida a sentença condenatória, sob pena de instaurar-se tumulto. Muitas vezes o dano tem dimensões nacionais, e o número de lesados é incalculável. Isso mostra a inviabilidade de promover-se as liquidações individuais nos mesmos autos em que proferida a sentença condenatória. Cada uma formará autos independentes e autônomos, nos quais será proferida uma sentença, que, em conjunto com a proferida na ação civil pública, constituirá o título a ser executado.

No âmbito do direito privado, o prazo limite para o ajuizamento dos cumprimentos individuais de sentenças coletivas proferidas em ação civil pública é de cinco anos. Nesse sentido, decidiu a 2ª Seção do Superior Tribunal de Justiça:

"DIREITO PROCESSUAL CIVIL. PRAZO PRESCRICIONAL PARA O AJUIZAMENTO DA EXECUÇÃO INDIVIDUAL DE SENTENÇA PROFERIDA EM AÇÃO CIVIL PÚBLICA. RECURSO REPETITIVO (ART. 543-C DO CPC E RES. N. 8/2008-STJ).

No âmbito do direito privado, é de cinco anos o prazo prescricional para ajuizamento da execução individual em pedido de cumprimento de sentença proferida em Ação Civil Pública" (REsp 1.273.643-PR, Rel. Min. Sidnei Beneti, julgado em 27-2-2013).

28.2.1. A COMPETÊNCIA PARA AS LIQUIDAÇÕES DE SENTENÇAS PROFERIDAS EM AÇÃO CIVIL PÚBLICA PARA A DEFESA DE INTERESSES INDIVIDUAIS HOMOGÊNEOS

O art. 97, parágrafo único, do Código de Defesa do Consumidor estabelecia que: "A liquidação da sentença, que será por artigos, poderá ser promovida no foro do domicílio do liquidante, cabendo-lhe provar, tão só, o nexo de causalidade, o dano e seu montante". Esse dispositivo foi vetado, sob o fundamento de que haveria um descompasso entre o juízo que prolatou a sentença e aquele no qual seria promovida a liquidação. A competência para o julgamento das liquidações repercute sobre a das execuções, por força do disposto no art. 98, § 2º, desse Código: "É competente para a execução o juízo: I – da liquidação da sentença ou da ação condenatória, no caso de execução individual; II – da ação condenatória, quando coletiva a execução".

Mais uma vez, o veto há de ser considerado inócuo. A alternativa do inciso I mostra que a competência há de ser ou do juízo da ação condenatória, ou do juízo da liquidação, o que mostra que este não se confunde com aquele. Se se entendesse que, por força do veto, a liquidação teria de ser feita sempre no juízo da condenação, a alternativa estabelecida no art. 98, § 2º, I, deixaria de fazer sentido. Continua existindo a possibilidade de a liquidação ser requerida no foro de domicílio do liquidante, o que é mais compatível com o sistema de proteção estabelecido no Código de Defesa do Consumidor. Os danos podem ter repercussão nacional, e seria contrário ao sistema exigir que o lesado tivesse de deslocar-se até o juízo em que foi proferida a sentença condenatória para requerer a liquidação individual. A faculdade de propor ação no próprio domicílio só existe para a liquidação individual. Para a coletiva, vigora o art. 98, § 2º, II: a competência será a do juízo em que correu a ação condenatória. Nesse sentido, posicionou-se o Superior Tribunal de Justiça no Recurso Especial n. 1.243.887-PR, Rel. Min. Luis Felipe Salomão: "De fato, muito embora tenha sido vetado o parágrafo único do art. 97, permanece hígido o art. 98... Ora, o só fato de o § 2º prever que é competente para a execução o juízo, ou da liquidação ou da ação condenatória, revela, seguramente, que o juízo da liquidação pode ser diverso do juízo da ação condenatória. O dispositivo perderia totalmente o sentido caso a liquidação de sentença devesse ser pleiteada, necessariamente no juízo da condenação".

28.2.2. CONCURSO DE CRÉDITOS

Há casos de condenação concorrente do réu da ação civil pública ao pagamento de indenização ao fundo de reconstituição dos bens lesados, na forma da Lei da Ação Civil Pública, e de indenizações individuais às vítimas, na forma dos arts. 91 e s. do Código de Defesa do Consumidor.

Imagine-se uma ação civil pública em que se postule a condenação de uma empresa poluente a ressarcir ao fundo de reconstituição aos bens lesados os danos causados à coletividade pela deposição de dejetos em rio que corta determinada região, e a alguns moradores ribeirinhos os prejuízos que sofreram em decorrência de doenças que tenham contraído pelo consumo de água contaminada. A sentença poderá condenar o réu a pagar uma indenização ao fundo, pela ofensa ao direito difuso de proteção ao meio ambiente, e a pagar a indenização às vítimas. Trata-se de duas indenizações diferentes: a primeira tem por fim reparar os danos aos bens indivisivelmente considerados; e a segunda, ressarcir a lesão sofrida. Se o patrimônio do réu não for suficiente para arcar com as duas indenizações, será aplicável o disposto no art. 99 do Código de Defesa do Consumidor: "Em caso de concurso de créditos decorrentes da condenação prevista na Lei n. 7.347/85 e de indenizações pelos prejuízos individuais resultantes do mesmo evento danoso, estas terão preferência no pagamento". Há um concurso de credores em que o pagamento das vítimas individuais prefere ao do fundo.

A fim de viabilizar esse dispositivo, o parágrafo único do art. 99 estabelece: "Para efeito do disposto neste artigo, a destinação da importância recolhida ao Fundo criado pela Lei n. 7.347/85 ficará sustada enquanto pendentes de decisão de segundo grau as ações de indenização pelos danos individuais, salvo na hipótese de o patrimônio do devedor ser manifestamente suficiente para responder pela integralidade das dívidas".

Não sendo suficiente o patrimônio do réu, o encaminhamento da indenização, que seria destinada ao fundo, ficará suspenso até que seja decidida a ação civil para defesa de interesses individuais homogêneos, pendentes de decisão de segundo grau.

28.3. FUNDO PARA RECONSTITUIÇÃO DE BENS LESADOS

Em duas situações o produto da condenação, nas ações civis públicas, será destinado a um fundo para a reconstituição dos bens lesados quando houver: **a)** condenação do réu em ação civil pública para a defesa de interesses difusos e coletivos; ou **b)** condenação em ação para a defesa de interesses individuais homogêneos e decorrer o prazo de um ano sem que haja habilitação de interessados em número compatível com a gravidade do dano, na forma do art. 100 do Código de Defesa do Consumidor.

A razão para o encaminhamento da indenização ao fundo, no primeiro caso, é a indivisibilidade dos interesses difusos e coletivos: é inviável repartir entre os lesados o valor a que o causador do dano foi condenado.

Imagine-se uma empresa poluente condenada a ressarcir os danos ao meio ambiente. Se a ação versa exclusivamente sobre interesse difuso ou coletivo, não há lesados individuais: o lesado é todo o grupo, classe ou categoria de pessoas, e não há como individuar a parte cabente a cada um. O produto da indenização não pode ter outro destino senão o encaminhamento ao fundo (nada impede, porém, que, se em decorrência do fato, alguma vítima tenha danos específicos, possa ela requerer indenização em ação própria).

Na hipótese do art. 100 do Código de Defesa do Consumidor, a razão para que o pagamento seja feito ao fundo é que a sentença condenatória na ação para a defesa dos interesses individuais homogêneos condena o réu ao pagamento dos danos causados, e não dos prejuízos sofridos. Por isso, se não houver vítimas que se habilitem em quantidade compatível com o dano, incumbirá aos legitimados do art. 82 promover a liquidação coletiva em benefício do fundo.

O art. 13 da Lei da Ação Civil Pública estabelece que o fundo será gerido por um Conselho Federal ou por Conselhos Estaduais de que participarão necessariamente o Ministério Público e representantes da comunidade, sendo seus recursos destinados à reconstituição dos bens lesados. E o parágrafo único dispõe que: "Enquanto o fundo não for regulamentado, o dinheiro ficará depositado em estabelecimento oficial de crédito, em conta com correção monetária".

Esse fundo foi regulamentado pela Lei n. 9.008/95, que o denominou "Fundo de Defesa dos Direitos Difusos", cuja finalidade é a de promover, dentro do possível, a reparação dos bens lesados; não sendo mais possível, o dinheiro deve ser destinado a uma finalidade compatível, como, por exemplo, a preservação ou restauração de bens similares. Nesse aspecto, assemelha-se ao *fluid recovery* (reparação fluida) do direito americano, em que o produto da indenização não precisa sempre ser destinado a fins de reparação do dano, mas para fins a ele relacionados ou conexos. Admite-se que o dinheiro possa ser utilizado para recuperação de bens, na promoção de eventos educativos, científicos e na edição de material informativo relacionado com a natureza da infração ou do dano causado, bem como na modernização administrativa dos órgãos públicos responsáveis pela execução das políticas relacionadas com a defesa do interesse envolvido (art. 1º, § 3º, da Lei n. 9.008/95). Se o dinheiro não for dirigido à reparação dos próprios bens lesados, deve ter finalidade conexa.

Quadro sinótico – Ação civil pública – procedimento

Petição inicial	Procedimento – Lei n. 7.347/85. Requisitos: art. 282 do CPC.
Tutelas de urgência	Cautelar e antecipada. Podem ser deferidas em caráter incidente ou antecedente. Restrições: – arts. 1º e 4º da Lei n. 8.437/92 e art. 7º, § 2º, da Lei n. 12.016/2009.
Impugnação	Agravo de instrumento.

Citação	Todas as formas são admitidas, observando as restrições previstas no art. 222 do CPC.
Sentença	Constitutiva. Declaratória. Condenatória: – fazer; – não fazer. Pode haver medida coercitiva para cumprimento – ex.: *astreintes*. Defesa de interesses difusos e coletivos: o produto da condenação reverterá em proveito de um fundo gerido por um Conselho Federal ou Conselho de Estados (art. 13 da LACP). Defesa de interesses individuais homogêneos: a condenação em dinheiro é atribuída preferencialmente aos lesados, que deverão promover as respectivas liquidações.
Recursos	Sistema do CPC. Recursos não têm, em regra, efeito suspensivo. No entanto, poderão ser conferidos pelo juiz caso se verifique a existência de perigo de prejuízo irreparável à parte. Há remessa necessária quando houver sucumbência da Fazenda Pública.
Desistência da ação	Pode haver desistência. O direito permanece íntegro. Há extinção sem resolução de mérito (poderá ser proposta novamente). O MP pode assumir a ação se a desistência não for fundada.
Transação	É possível quando esta não impuser ao legitimado renúncia dos interesses em litígio, mas versar sobre forma de cumprimento da obrigação.

Coisa julgada	**Interesse difuso**	Procedência: coisa julgada *erga omnes*. Improcedência: – por insuficiência de provas: não haverá coisa julgada. – por qualquer outra razão: haverá coisa julgada.
	Interesse coletivo	Procedência: coisa julgada *ultra partes*. Improcedência: – por insuficiência de provas: não haverá coisa julgada. – por qualquer outra razão: haverá coisa julgada.
	Interesse individual homogêneo	Procedência: coisa julgada *erga omnes*. Improcedência: somente haverá coisa julgada para aqueles que participaram como assistentes litisconsorciais.
Custas, despesas processuais e honorários advocatícios	Isenção aplicável somente ao autor, salvo comprovada má-fé. O réu deverá antecipar os valores referentes aos atos processuais.	
Liquidação e execução	**Interesse difuso**	Estabelecimento do *quantum debeatur*. Liquidação prévia por arbitramento ou pelo procedimento comum. Promovida pela associação autora. Promovida pelo MP depois de decorridos sessenta dias do trânsito em julgado da sentença condenatória, sem que a associação autora tenha se manifestado.
	Interesse individual homogêneo	Liquidação individual dos danos. O lesado tem que demonstrar sua condição de vítima de danos provenientes da origem comum, que ensejou o aforamento da ACP. Legitimados: vítima e seus sucessores. Foro competente: domicílio do liquidante (cabe-lhe provar o nexo de causalidade, dano e o montante).

Título IV
COMPROMISSO DE AJUSTAMENTO E INQUÉRITO CIVIL

Capítulo I
COMPROMISSO DE AJUSTAMENTO

O § 6º do art. 5º da Lei da Ação Civil Pública estabelece que: "Os órgãos públicos legitimados poderão tomar dos interessados compromisso de ajustamento de sua conduta às exigências legais, mediante cominações, que terá eficácia de título executivo extrajudicial".

Esse parágrafo e o anterior foram acrescentados pelo art. 113 do Código de Defesa do Consumidor. O compromisso de ajustamento vinha mencionado pelo art. 82, § 3º, do projeto, que se converteu no Código atual, e que foi vetado. Esqueceu-se a Presidência da República de vetar, porém, o art. 113, que acrescentou o § 6º ao art. 5º da Lei da Ação Civil Pública e atribuiu ao compromisso a força de título executivo extrajudicial. Mais uma vez houve um veto inócuo, porque o sistema da Lei da Ação Civil Pública e do Código de Defesa do Consumidor é de intercâmbio. Aquilo que é acrescido a um aplica-se ao outro, desde que não haja incompatibilidade.

Não há impedimento a que sejam celebrados compromissos de ajustamento, e que seja reconhecida sua força de título executivo extrajudicial, uma vez que são manifestações de vontade pelas quais o causador do dano se compromete perante o ente legitimado, que a aceita, a ajustar a sua conduta às exigências legais. Há dupla manifestação de vontade – do causador do dano, que se compromete a adequar a sua conduta, e a do ente legitimado, que firma o compromisso –, mas não é propriamente transação porque não há concessões recíprocas.

O Código Civil define transação como a possibilidade de os "interessados prevenirem ou terminarem o litígio mediante concessões mútuas" (art. 840). No compromisso de ajustamento, não há, nem poderia haver, qualquer tipo de concessão do ente legitimado a celebrá-lo. Ele não é o titular do direito transindividual, que pertence a toda a categoria, classe ou grupo. Não estaria legitimado a fazer concessões sobre direitos que não lhe pertencem.

O compromisso tem por fim encerrar o litígio, evitando a ação civil pública. Nele, só o causador do dano assume a responsabilidade. Ao celebrá-lo, este reconhece a obrigação de tomar providências, ajustando a sua conduta de acordo com as necessidades dos interesses transindividuais (sem que haja qualquer concessão por parte do ente legitimado). Trata-se quase de um reconhecimento da postulação do ente legitimado, antes mesmo que ela seja formulada judicialmente, e com a finalidade de evitar o ajuizamento da ação. Constitui título executivo extrajudicial, uma vez que não há mais necessidade de discutir responsabilidades. Se já tiver havido a propositura da demanda, não haverá mais compromisso de ajustamento, mas verdadeira transação, que, homologada judicialmente, terá força de título executivo judicial.

O compromisso de ajustamento é sempre celebrado extrajudicialmente e, para que adquira força de título executivo, basta que seja firmado pelo ente legitimado e pelos causadores do dano, sendo desnecessário que o seja por duas testemunhas. Deve constar do termo de ajustamento de conduta o prazo para o cumprimento das obrigações e a sanção, para o descumprimento, com as medidas coercitivas que poderão ser impostas em caso de omissão, como, por exemplo, a multa diária (*astreintes*). É preciso que o termo indique, com precisão, a obrigação a ser cumprida, que deve ser certa e determinada. Em regra, o termo conterá uma obrigação de fazer ou não fazer (por exemplo, a de implantar, em determinado prazo, filtros antipoluentes, ou a de recolher determinado modelo de veículo, para promover reparos em peças defeituosas), mas nada impede que contenha outras espécies de obrigação, como a de entrega de coisa ou de pagamento em dinheiro (por exemplo, a da fabricante de um veículo defeituoso entregar aos consumidores lesados um outro veículo, sem nenhum defeito, ou pagar às vítimas indenização).

Para que o compromisso adquira força de título executivo extrajudicial, nada mais é preciso do que o cumprimento das exigências do

§ 6º do art. 5º da Lei da Ação Civil Pública. Não é condição de eficácia a sua homologação perante o Conselho Superior do Ministério Público, que nem é necessária. Mas se, por força do compromisso, for arquivado inquérito civil aberto pelo Ministério Público, para apuração dos fatos, este ato estará sujeito à homologação do Conselho Superior.

É inconstitucional a Lei Orgânica Estadual do Ministério Público que impõe como condição de eficácia do compromisso a homologação pelo Conselho Superior, sobrepondo-se, com isso, à lei federal, a quem competia regulamentar o assunto.

A lei atribui legitimidade para tomar o compromisso de ajustamento apenas aos órgãos públicos que a tenham para o ajuizamento da ação civil pública. Mas apenas aos órgãos públicos. Há divergência doutrinária quanto ao significado da expressão "órgãos públicos": para alguns, esse conceito deve ficar restrito às pessoas jurídicas de direito público, como Ministério Público, União, Estados, Municípios, Distrito Federal, autarquias e fundações públicas, e não às empresas públicas e sociedades de economia mista, cuja natureza é de direito privado. Porém, há os que entendem que o mais relevante não é a natureza jurídica do ente, mas a atividade que ele desempenha: ainda que se trate de ente privado (como as empresas públicas e sociedades de economia mista), se este prestar ou explorar atividade pública, poderá celebrar o compromisso. Parece-nos, *data venia*, que a razão está com a segunda corrente, pois não há motivo para limitar a celebração de compromissos – que são benéficos porque evitam, sem concessões, o ajuizamento da ação civil pública, permitindo passar-se direto à execução, em caso de descumprimento – apenas às pessoas jurídicas de direito público. Deve dar-se à expressão "órgão público" o conceito mais abrangente de prestador de serviço público.

As associações civis não poderão celebrar o compromisso. Não por força de sua natureza, mas porque elas não prestam nem exploram serviço público.

Se houver discordância dos colegitimados, para a celebração do compromisso de ajustamento, o que estiver em desacordo não poderá opor-se a que o termo seja firmado. No compromisso o ente legitimado não assume nenhuma obrigação perante o causador do dano, uma vez que não lhe outorga quitação, nem o desobriga de cumprir outras medidas, nem efetua qualquer tipo de concessão; se outro legitimado entender que aquelas obrigações impostas no termo de ajustamento são insuficientes e que há outras providências a tomar, poderá ele ajuizar ação civil pública. E o causador do dano não poderá impugná-la, aduzindo que, por ter firmado o compromisso, estava livre dessa possibilidade. Ao assumir determinadas obrigações, ele apenas tornou dispensável o ajuizamento da ação, para exigi-las. Mas não se eximiu de ter de cumprir outras, relacionadas ao mesmo evento que os demais colegitimados possam entender necessárias. Caberá ao Judiciário examinar a efetiva necessidade das outras obrigações, objeto da ação civil proposta, apesar do compromisso de ajustamento.

Cumpre acrescentar que o compromisso pode ser anulado na forma dos atos jurídicos em geral, conforme o previsto na Lei Civil. Caso, no momento da celebração, haja em andamento um inquérito civil, o Ministério Público poderá requerer o seu arquivamento total ou parcial, submetendo-o ao Conselho Superior.

Em caso de compromisso que leve ao arquivamento total ou parcial do inquérito civil, incumbirá ao Ministério Público que o celebrou fiscalizar o seu cumprimento.

Quadro sinótico

Compromisso de ajustamento	– Somente o causador do dano assume a responsabilidade e se compromete a tomar providências para ajustar sua conduta de acordo com as necessidades dos interesses transindividuais. – Compromisso celebrado extrajudicialmente. Para que adquira força de título executivo tem que ter firmado pelo ente legitimado e pelos causadores do dano. Deve constar o prazo para cumprimento das obrigações e a sanção para descumprimento (medidas coercitivas). A obrigação tem que ser certa e determinada. – Legitimados: órgãos públicos que tenham legitimidade para ajuizamento de ACP, desde que prestem ou explorem atividade pública. – Ao assumir essas obrigações, o causador do dano não se exime de cumprir outras decorrentes do mesmo evento que venham a ser entendidas necessárias. – O compromisso pode ser anulado na forma dos atos jurídicos em geral.

Capítulo II

INFORMAÇÕES PRESTADAS POR PARTICULAR E POR SERVIDOR PÚBLICO

O art. 6º da Lei da Ação Civil Pública dispõe que: "Qualquer pessoa poderá e o servidor público deverá provocar a iniciativa do Ministério Público, ministrando-lhe informações sobre fatos que constituam objeto da ação civil e indicando-lhe os elementos de convicção".

A lei estabelece para o particular uma faculdade e, para o servidor público, um dever. Entende-se por servidor público todo aquele que exerce cargo ou função pública. Deve-se tomá-lo em sentido amplo, incluindo não apenas os que exercem funções na Administração Pública, mas também os que desempenham funções legislativas e judiciárias.

A redação do dispositivo pode sugerir que tais informações só possam dizer respeito a ações civis públicas em andamento, pois a lei se refere a "fatos que constituem objeto da ação civil pública". Mas não é assim, uma vez que a obrigação abrange também aqueles fatos que, embora não digam respeito a ação em andamento, podem ser de tal ordem que levem ao ajuizamento.

Aquele que fornecer as informações deverá indicar ao Ministério Público as razões pelas quais entende serem elas relevantes, seja para subsidiar uma ação em andamento, seja ao menos para desencadear investigações que possam resultar no ajuizamento.

O art. 7º da Lei da Ação Civil Pública contém norma a respeito do dever de prestar informações, dirigida especificamente aos integrantes do Poder Judiciário. Estabelece que: "Se, no exercício de suas funções, os juízes e tribunais tiverem conhecimento de fatos que possam ensejar a propositura da ação civil, remeterão peças ao Ministério Público para as providências cabíveis". Trata-se de mera explicitação, dirigida aos integrantes do Judiciário no exercício de suas funções, daquilo que vem disposto, de forma genérica, no artigo anterior. A norma se assemelha à do art. 40 do Código de Processo Penal: verificando o juiz a possível existência de ilícito penal, tomará as providências pertinentes. A lei tem natureza cogente, e não estabelece uma faculdade ao magistrado, mas impõe-lhe um dever.

Pode ocorrer que, no curso do processo que esteja aos seus cuidados, o juiz verifique a existência de ofensa a interesses transindividuais que possam ensejar o ajuizamento de ação civil pública. Ele deve determinar a remessa das peças pertinentes ao Ministério Público, para as providências cabíveis. A remessa deve ser imediata e não fica condicionada ao encerramento do processo em que as peças foram produzidas, nem ao julgamento. A instauração do inquérito civil ou o ajuizamento da ação civil pública ficam a critério do promotor, a quem cabe examinar se os indícios que lhe foram encaminhados são suficientes.

O encaminhamento das peças pelo juiz ao Ministério Público não o tornará suspeito ou impedido de receber, processar e julgar eventual ação civil pública que resulte das apurações levadas a cabo, assim como, no crime, o juiz não é suspeito ou impedido de julgar o processo, ainda que ele tenha determinado a instauração de inquérito policial.

Capítulo III

NOTIFICAÇÕES E REQUISIÇÕES

De acordo com o art. 129, VI, da Constituição Federal, o Ministério Público pode expedir notificações nos procedimentos de sua atribuição. Elas são os meios pelos quais se dá a alguém ciência de que será ouvido, informando-o ainda do dia, hora e local em que isso ocorrerá.

Nos procedimentos administrativos aos seus cuidados (por exemplo, nos inquéritos civis), o Ministério Público pode precisar ouvir pessoas que tenham conhecimento de fatos relevantes. Para tanto, designará dia e hora, e notificará a pessoa que será ouvida a comparecer na ocasião designada. Se ela não comparecer, será requisitada a condução coercitiva.

O promotor de Justiça deve respeitar as prerrogativas daqueles que, em razão de seu cargo ou função, podem designar dia e hora para ser ouvidos. As regras são as mesmas que valem para os juízes, quando ouvidos como testemunhas.

Além das notificações, o Ministério Público pode também fazer requisições, conforme disposto no art. 129, VI, da Constituição Federal, e no art. 8º, § 1º, da Lei da Ação Civil Pública: "O Ministério Público poderá instaurar, sob sua presidência, inquérito civil, ou requisitar, de qualquer organismo público ou particular, certidões, informações, exames ou perícias, no prazo que assinalar, o qual não poderá ser inferior a 10 (dez) dias úteis".

O poder de requisição não tem por objeto apenas informações, mas também a realização de exames ou perícias que podem ser dirigidos a qualquer órgão público, federal, estadual ou municipal.

Às vezes, o promotor estadual precisa, para apuração de fatos relevantes em procedimento aos seus cuidados, de informações que estejam a cargo da União ou do Município. Não há óbice a que as requisite, no prazo assinalado. A requisição pode ser dirigida a órgãos da administração direta ou indireta. O art. 8º, § 1º, da Lei da Ação Civil Pública esclarece que ela pode ser dirigida também a qualquer organismo particular e até a pessoa física. Ela será feita no bojo do procedimento presidido pelo *Parquet*. Embora seja apenas ele o legitimado para instaurar o inquérito civil, o poder de requisição é também atribuído aos colegitimados, quando necessário para instruir a inicial da ação civil pública. Mesmo não havendo inquérito civil, caberá a requisição quando o colegitimado necessitar de alguma certidão ou documento que esteja em poder de servidor público. O art. 8º, *caput*, da Lei da Ação Civil Pública estabelece: "Para instruir a inicial, o interessado poderá requerer às autoridades competentes as certidões e informações que julgar necessárias, a serem fornecidas no prazo de 15 (quinze) dias". O servidor público prestará as informações requeridas, não lhe cabendo discutir da sua conveniência ou oportunidade, salvo se se tratar de matéria sigilosa.

Há diferenças importantes entre o poder atribuído ao Ministério Público e aos demais colegitimados. Como só o primeiro pode instaurar o inquérito civil, só a ele é dado fazer notificações, até com poder de condução coercitiva. O seu poder de requisição vai além das certidões e informações, dirigidas aos servidores públicos, estendendo-se a exames e perícias. O prazo para cumprimento será fixado pelo promotor, respeitado o mínimo de 10 dias (a razão é que há certos atos complexos e de realização demorada que podem ser requisitados pelo Ministério Público). Os demais legitimados só podem requerer informações e certidões, e, para tanto, a lei já preestabelece o prazo de resposta, fixando-o em 15 dias.

A lei estabelece um único caso em que o destinatário pode eximir-se de atender às requisições: "Somente nos casos em que a lei impuser sigilo, poderá ser negada certidão ou informação, hipótese em que a ação poderá ser proposta desacompanhada daqueles documentos, cabendo ao juiz requisitá-los" (§ 2º do art. 8º da LACP).

Mas ao Ministério Público não se aplica mais essa restrição, porque a Lei n. 8.625/93 (Lei Orgânica do Ministério Público) estabelece, mesmo nos casos de sigilo, a possibilidade de o membro do *Parquet* requisitar informações e documentos: "O membro do Ministério

Público será responsável pelo uso indevido das informações e documentos que requisitar, inclusive nas hipóteses legais de sigilo" (art. 26, § 2º). Isso inclui as de natureza bancária e fiscal.

Ficam ressalvados apenas os casos previstos na Constituição Federal, e em leis federais supervenientes, nas quais a requisição de informações ou documentos sigilosos está condicionada a ordem judicial (por exemplo, a interceptação telefônica para investigação penal).

O não atendimento da requisição do MP constituirá crime, na forma do art. 10 da Lei da Ação Civil Pública: "Constitui crime, punido com pena de reclusão de 1 (um) a 3 (três) anos, mais multa de 10 (dez) a 1.000 (mil) Obrigações do Tesouro Nacional – OTN, a recusa, o retardamento ou a omissão de dados técnicos indispensáveis à propositura da ação civil, quando requisitados pelo Ministério Público".

Capítulo IV
DO INQUÉRITO CIVIL

29 INTRODUÇÃO

Trata-se de um procedimento administrativo cuja finalidade é permitir ao Ministério Público obter elementos e subsídios para o ajuizamento de uma ação civil pública. Assemelha-se, em numerosos aspectos, ao inquérito policial, frequentemente instaurado para ensejar a realização de investigações criminais, mas dele difere, uma vez que não é instaurado nem presidido pela autoridade policial, e sim pelo Ministério Público.

O inquérito civil foi criado pela Lei da Ação Civil Pública em seu art. 8º, § 1º. A Constituição Federal de 1988, no art. 129, III, indicou como função institucional do Ministério Público a sua instauração. E foi regulamentado pela Resolução n. 23, expedida pelo Conselho Nacional do Ministério Público, em 17 de setembro de 2007.

A exemplo dos inquéritos policiais, sua natureza é inquisitiva. A prova não é colhida sob o crivo do contraditório, havendo, sempre que for o caso, necessidade de repeti-la em juízo.

A instauração do inquérito civil não é condição prévia para o aforamento de ação civil pública, como a do inquérito policial não o é para o da ação penal.

Se o Ministério Público já tiver elementos suficientes, o inquérito poderá ser dispensado, na medida em que é instrumento de investigação no qual o promotor poderá ouvir pessoas, expedir notificações, requisitar informações e documentos, proceder vistorias e determinar o que mais for necessário para o ajuizamento da ação civil pública. Trata-se de um procedimento administrativo, e não de um processo de função investigatória cujo objetivo é a colheita de elementos para a ação civil pública.

Os demais legitimados da ação devem munir-se de subsídios e elementos por outros meios ao seu alcance, mas não com o inquérito civil. Nada impede que eles ajuízem ação civil pública, ainda que se encontre em andamento um inquérito civil, ou até mesmo quando ele já tenha sido arquivado. A legitimidade é concorrente e disjuntiva, diferentemente do que ocorre no Processo Penal, em que ela é exclusiva do Ministério Público. Por isso, se este requer o arquivamento do inquérito policial, não haverá ação penal, salvo a possibilidade excepcional de ele ser reaberto. Diverso é o que ocorre com o inquérito civil, pois, mesmo que tenha havido seu arquivamento, não haverá empecilho para que os demais colegitimados ajuízem ação civil.

Além de sua função natural de permitir a colheita de provas, o inquérito civil propicia oportunidades para a celebração de compromissos de ajustamento de conduta, pois permite que o promotor de Justiça, muitas vezes, mantenha contato com o causador do dano, com este estabelecendo uma comunicação que, muitas vezes, pode resultar no compromisso, dispensando-se a ação civil pública.

30 CARACTERÍSTICAS

Uma das características fundamentais do inquérito civil é que ele é público, isto é, pode ser acompanhado e examinado por qualquer pessoa. As exceções são aquelas também aplicáveis ao inquérito policial (art. 20 do CPP) e ao dever de informação dos órgãos públicos em geral, quando a publicidade puder prejudicar a própria investigação, ou quando o sigilo for imprescindível à segurança da sociedade e do Estado (art. 5º, XXXIII, da CF).

Como atualmente o Ministério Público pode fazer requisições até mesmo de documentos e informações sigilosas, como as referentes a transações bancárias e as de natureza fiscal, se tal ocorrer, e os documentos vierem aos autos, haverá de ser decretado o sigilo.

Outra característica é a inquisitoriedade: não há processo administrativo, que exigiria a observância do princípio do contraditório, mas apenas procedimento.

No inquérito civil não se faz nenhuma espécie de acusação, mas apenas investigações direcionadas à colheita de elementos para a ação.

A Resolução n. 23/2007 do Conselho Nacional do Ministério Público regulamentou a forma a ser observada para a instauração, instrução e arquivamento dos inquéritos civis, cabendo ao promotor que os preside observar as suas determinações.

31 OUTROS PROCEDIMENTOS PREPARATÓRIOS

Tem sido frequente a investigação de ofensas a interesses transindividuais por parte do Ministério Público sem necessariamente a instauração de inquérito civil em face do recebimento das respectivas representações. Forma-se então um procedimento preparatório, comumente denominado "protocolado".

Nesse expediente, o *Parquet* comumente determina diligências e faz investigações para apurar os fatos.

Não há óbice legal à instauração desses procedimentos preparatórios. O art. 26, I, da Lei n. 8.625/93 estabelece que o Ministério Público, no exercício de suas funções, poderá "instaurar inquéritos civis e outras medidas e procedimentos administrativos pertinentes".

Essa iniciativa, sem a instauração formal do inquérito, não pode servir de pretexto para afastar o controle dos pedidos de arquivamento pelo Conselho Superior do Ministério Público.

Mesmo que só haja peças de informação, e que não se tenha instaurado formalmente o inquérito judicial, o arquivamento deve estar sujeito a tal controle.

Quando o Ministério Público recebe uma representação a respeito de ofensa a direito transindividual, deve verificar se a instauração do inquérito civil se justifica ou não. Havendo necessidade de averiguar melhor o ocorrido, deve determiná-la. Se, de plano, o *Parquet* verifica que a representação é infundada, deve determinar de imediato o arquivamento, em decisão motivada, que será submetida à apreciação do Conselho Superior do Ministério Público. O controle deve recair sobre todos os arquivamentos determinados pelo Ministério Público, seja de inquérito civil regularmente instaurado, seja de mero procedimento preparatório, ou qual for o nome que lhe seja dado.

Mas desejando realizar investigações, é sempre preferível que o Ministério Público o faça pelo procedimento mais formal do inquérito civil, quer em benefício da própria regularidade do processamento do inquérito, quer em razão de consequências que, muitas vezes, só ocorrem com a sua instauração. É o caso, por exemplo, da interrupção do prazo decadencial, mencionado no art. 26, § 2º, III, do Código do Consumidor.

32 INSTAURAÇÃO DO INQUÉRITO CIVIL

O inquérito civil é instaurado pelo promotor de Justiça, a quem competirá o eventual ajuizamento de ação civil pública, observadas as regras de competência estabelecidas na Lei da Ação Civil Pública.

Nos termos do art. 2º da Resolução n. 23/2007 do Conselho Nacional do Ministério Público, o inquérito civil será instaurado: "I – de ofício; II – em face de requerimento ou representação formulada por qualquer pessoa ou comunicação de outro órgão do Ministério Público, ou qualquer autoridade, desde que forneça, por qualquer meio legalmente permitido, informações sobre o fato e seu provável autor, bem como a qualificação mínima que permita sua identificação e localização; III – por designação do Procurador-Geral de Justiça, do Conselho Superior do Ministério Público, das Câmaras de Coordenação e Revisão e dos demais órgãos superiores da Instituição, nos casos cabíveis".

Mesmo a representação anônima pode motivar a instauração do inquérito civil, que o promotor poderia ter aberto até mesmo de ofício.

A instauração é feita por portaria, na qual o promotor deve indicar o fundamento legal que autoriza a ação do Ministério Público, o fato objeto da apuração, os possíveis envolvidos, os autores da representação, bem como as diligências iniciais a serem realizadas. A portaria deve ser afixada no local de costume, e uma cópia remetida para publicação.

O promotor poderá indeferir, no prazo de 30 dias, a representação para instauração do inquérito civil quando verificar que os fatos narrados não constituem lesão aos interesses ou direitos tutelados por ação civil pública, ou quando já tiverem sido objeto de investigação ou ação anterior, ou quando já se encontrarem solucionados. Nesse caso, o representante será cientificado para que, no prazo de 10 dias, possa oferecer recurso ao Conselho Superior do Ministério Público. Esse recurso será protocolado no órgão ministerial que indeferiu a representação, e que poderá, no prazo de 3 dias, reconsiderar sua decisão. Se não o fizer, o recurso deverá ser encaminhado ao Conselho Superior.

33 INSTRUÇÃO DO INQUÉRITO CIVIL

A função primordial do inquérito civil é colher as provas necessárias para embasar o ajuizamento de uma ação civil pública, assim como a do inquérito policial é colher as provas necessárias para instruir ação penal.

Por isso, é de grande importância a fase instrutória, na qual o promotor presidente determinará as medidas necessárias para a elucidação dos fatos.

Se houver a necessidade de ouvir pessoas, o representante do *Parquet* expedirá notificações, a fim de intimá-las a comparecer na data e local designados. Em caso de não comparecimento, e sendo imprescindível a ouvida, o promotor poderá determinar a condução coercitiva. Se houver necessidade de obtenção de documentos ou informações, o promotor as requisitará, na forma da lei. Também requisitará as perícias e vistorias necessárias. Sempre que for preciso, o promotor poderá requisitar auxílio policial para obter o cumprimento de suas determinações.

34 CONCLUSÃO DO INQUÉRITO CIVIL

O inquérito civil pode encerrar-se de três maneiras: com o arquivamento, o ajuizamento de ação civil pública, ou a celebração de compromisso de ajustamento. Neste último caso, é imprescindível que o compromisso seja apresentado para homologação perante o Conselho Superior do Ministério Público, porque o inquérito será encerrado sem o ajuizamento da ação. E sempre que isso ocorre, deve haver o controle do Conselho Superior, que poderá entender necessária a realização de novas investigações ou determinar o ajuizamento da ação civil pública, se entender que o compromisso não foi satisfatório.

35 ARQUIVAMENTO DO INQUÉRITO CIVIL

Nos inquéritos policiais, o Ministério Público, titular único da ação penal, não determina o arquivamento, mas o requer ao juiz, a quem compete exercer o controle sobre o pedido. Em caso de concordância, o juiz o homologa; no de discordância, aplica o art. 28 do Código de Processo Penal e determina a remessa dos autos à Procuradoria-Geral de Justiça, a quem compete insistir no pedido de arquivamento ou designar outro promotor, para oferecer a ação penal.

No inquérito civil, o arquivamento não é requerido pelo promotor que o preside, mas é por ele determinado. A investigação é promovida pelo próprio Ministério Público, na busca de elementos suficientes para a ação civil. O controle dos pedidos de arquivamento deve ser feito pela própria instituição. Por isso, determina a lei que, sempre que houver o arquivamento – seja do inquérito civil, seja de simples protocolado, seja de peças de informação, seja de representação –, o pedido deve ser submetido à homologação do Conselho Superior do Ministério Público. Deve ainda ser submetido à homologação aquele que resulta de compromisso de ajustamento. Não há necessidade de participação de outra instituição nesse controle, porque a titularidade da ação civil não é exclusiva do Ministério Público.

É dever de ofício do promotor de Justiça encaminhar ao Conselho Superior o inquérito arquivado, como dispõe o art. 9º, § 1º, da Lei da Ação Civil Pública: "Os autos do inquérito civil ou das peças de informação arquivadas serão remetidos, sob pena de se incorrer em falta grave, no prazo de 3 (três) dias, ao Conselho Superior do Ministério Público".

A promoção de arquivamento deve ser sempre expressa e fundamentada. Por força do princípio da obrigatoriedade, apurada a existência de lesão ao interesse transindividual, o promotor deve promover a ação. Para requerer o arquivamento, ele deve indicar as razões que o justificam, cabendo ao Conselho Superior ponderá-las e, em promoção também justificada, confirmar o arquivamento, mandar realizar novas diligências ou determinar o ajuizamento da ação civil pública.

É possível que haja arquivamento parcial do inquérito. Pode ser que ele seja instaurado para que se apurem numerosos fatos, ou para que se verifique a participação de vários envolvidos; e, concluída a instrução, que se verifique se há elementos para o ajuizamento da ação em relação a alguns fatos ou a alguns dos envolvidos, mas não a todos. Nesse caso, o promotor promoverá a ação civil com base nos fatos ou nas pessoas em relação aos quais haja elementos suficientes, e determinará o parcial arquivamento quanto aos demais, submetendo sua decisão à homologação do Conselho Superior.

Quanto aos fatos que não ensejarem o ajuizamento da ação, o Ministério Público deve fundamentar o pedido de arquivamento e remeter o inquérito para o Conselho Superior para homologação. Não se admite arquivamento implícito.

36 CONTROLE PELO CONSELHO SUPERIOR DO MINISTÉRIO PÚBLICO

O controle do pedido de arquivamento dos inquéritos civis e das peças de informação é feito pelo Conselho Superior do Ministério Público, para o qual o promotor deve tê-lo remetido no prazo de 3 dias a contar da promoção do arquivamento, sob pena de falta grave.

O § 2º do art. 9º da Lei da Ação Civil Pública estabelece que: "Até que, em sessão do Conselho Superior do Ministério Público, seja homologada ou rejeitada a promoção de arquivamento, poderão as associações legitimadas apresentar razões escritas ou documentos, que serão juntados aos autos do inquérito ou anexados às peças de informação".

Esse dispositivo permite a qualquer dos legitimados impugnar, no Conselho Superior, a promoção do arquivamento, apresentando argumentos para tentar convencê-lo de que a promoção deve ser rejeitada. Embora o dispositivo possa trazer a impressão de que só os colegitimados da ação é que poderão impugnar o arquivamento, tal possibilidade deve ser atribuída a qualquer interessado, observando-se que todos têm direito de petição e que o direito transindividual pertence a todo um grupo, categoria ou classe.

Em sessão, que deve ser pública, o Conselho Superior do Ministério Público examinará a promoção de arquivamento, podendo proceder a sua homologação, reforma e determinar que se proponha a ação civil pública ou que se efetuem novas diligências. A decisão do Conselho há de ser sempre fundamentada.

No caso de homologação, o inquérito será devolvido ao órgão de origem, e não será proposta ação civil pública pelo Ministério Público. Não há, porém, nenhum empecilho para que ela seja ajuizada por qualquer dos colegitimados concorrentes e disjuntivos.

Mesmo que tenha havido promoção de arquivamento homologada, não estará, posteriormente, o Ministério Público impedido de ajuizar ação civil pública. Dispensam-se, como no processo penal, novos elementos de convicção, a justificar o desarquivamento.

Quando o Conselho Superior não acolher a promoção, designará um novo promotor de Justiça para propor a ação civil pública, para que não se viole a independência e a convicção daquele que entendia ser caso de arquivar o inquérito.

O designado terá de propor a ação civil pública porque agirá como delegado do Conselho Superior. É este quem faz a designação, embora ela seja materializada em ato do Procurador-Geral. Este não pode desrespeitar a decisão do colegiado, limitando-se a cumprir o decidido.

A terceira alternativa é determinar a realização de novas diligências, para investigar os fatos. Cumpridas, o Conselho Superior decidirá se é caso de homologar ou rejeitar o arquivamento.

Quadro sinótico – Inquérito civil

Particularidades	Procedimento administrativo, público, que visa permitir que o MP obtenha elementos e subsídios para o ajuizamento de uma ACP. Instrumento de investigação no qual o Promotor poderá ouvir pessoas, expedir notificações etc. Tem natureza inquisitiva. A prova não é colhida sob o crivo do contraditório (há necessidade de repeti-la em juízo). Não é condição prévia para aforamento de ACP.
instauração	Instaurado pelo promotor de Justiça mediante portaria, de ofício, despacho ou por determinação do Procurador-Geral de Justiça, ou do Conselho Superior do Ministério Público, em face de representação ou em decorrência de peças de informação. LOMP de São Paulo – dois recursos dirigidos ao Conselho Superior: – Contra a decisão que rejeita a representação: prazo de 10 dias. – Contra a decisão que instaura inquérito civil: prazo de 5 dias (efeito suspensivo).
Conclusão	– Arquivamento: determinado pelo Promotor que o preside. O pedido tem que ser homologado pelo Conselho Superior do Ministério Público. Deve ser expressa e fundamentada. – Ajuizamento de ACP. – Celebração de compromisso de ajustamento: tem de ser homologado pelo Conselho Superior do Ministério Público.

Título V

LEIS ESPECIAIS PARA A DEFESA DE OUTROS INTERESSES TRANSINDIVIDUAIS

Capítulo I

INTRODUÇÃO

Em princípio, a Lei da Ação Civil Pública autorizava o ajuizamento de ações civis públicas apenas para a defesa do meio ambiente, do consumidor, de bens e direitos de valor artístico, estético, histórico, turístico e paisagístico. Posteriormente, o Código de Defesa do Consumidor acrescentou ao art. 1º da Lei da Ação Civil Pública o inciso IV, que permite o aforamento para a defesa de qualquer outro interesse difuso ou coletivo. Mais tarde, foram acrescentadas outras quatro hipóteses: a de danos por infração à ordem econômica e à ordem urbanística, à honra e à dignidade de grupos raciais, étnicos ou religiosos e ao patrimônio público e social.

Esses acréscimos foram inócuos, diante do que consta do inciso IV, que já permite a defesa de qualquer interesse difuso ou coletivo. A Medida Provisória n. 2.180-35/2001 ainda introduziu um parágrafo único ao art. 1º da Lei da Ação Civil Pública, criando uma ressalva para o ajuizamento da ação: "Não será cabível ação civil pública para veicular pretensões que envolvam tributos, contribuições previdenciárias, o Fundo de Garantia do Tempo de Serviço – FGTS ou outros fundos de natureza institucional cujos beneficiários podem ser individualmente determinados".

Afora a Lei da Ação Civil Pública e o Código de Defesa do Consumidor, que regulamentam, de forma genérica, o processamento da ação civil pública, há leis especiais em que ela vem tratada.

Capítulo II

DEFESA DOS INTERESSES DOS PORTADORES DE DEFICIÊNCIA

As Leis n. 7.853/89 e 13.146/2015 estabelecem as regras de proteção e integração social das pessoas portadoras de deficiências. Visam assegurar-lhes o pleno exercício dos direitos individuais e sociais e sua efetiva integração social.

São princípios informadores dessas leis o de que o deficiente deve ter igualdade de oportunidades e ser tratado com dignidade e respeito, sempre buscando a sua inserção social.

Estabelecem as leis uma série de obrigações, dirigidas ao Estado e seus órgãos, que garantam ao deficiente a possibilidade de acesso à educação, saúde, tratamento e reabilitação, formação profissional e trabalho.

O art. 3º da Lei n. 7.853/89, com a redação que lhe foi dada pela Lei n. 13.146/2015, trata da ação civil pública, estabelecendo que: "As medidas judiciais destinadas à proteção de interesses coletivos, difusos, individuais homogêneos e individuais indisponíveis da pessoa com deficiência poderão ser propostas pelo Ministério Público, pela Defensoria Pública, pela União, pelos Estados, pelos Municípios, pelo Distrito Federal, por associação constituída há mais de 1 (um) ano, nos termos da lei civil, por autarquia, por empresa pública e por fundação ou sociedade de economia mista que inclua, entre suas finalidades institucionais, a proteção dos interesses e a promoção de direitos da pessoa com deficiência".

O procedimento dessa ação civil pública é praticamente idêntico ao previsto na Lei da Ação Civil Pública. Uma novidade, que não existe nas demais ações civis públicas, é a remessa necessária, estabelecida no art. 4º, § 1º: "A sentença que concluir pela carência ou pela improcedência da ação fica sujeita ao duplo grau de jurisdição, não produzindo efeito senão depois de confirmada pelo tribunal". No mais, o procedimento é o da Lei da Ação Civil Pública, inclusive quanto ao inquérito civil. O produto da condenação nessas ações civis reverterá para um fundo próprio, regulamentado pelos Decretos n. 407/91 e n. 1.306/94.

Posteriormente, a Lei n. 10.098/2000, com as alterações da Lei n. 13.146/2015, estabeleceu normas para a promoção da acessibilidade das pessoas portadoras de deficiência ou com mobilidade reduzida, "mediante a supressão de barreiras e de obstáculos nas vias e espaços públicos, no mobiliário urbano, na construção e reforma de edifícios e nos meios de transporte e de comunicação" (art. 1º). Os arts. 2º, 3º, 9º, parágrafo único, 10-A e 12-A dessa lei determinam providências destinadas ainda a facilitar a acessibilidade e circulação de pessoas com deficiência.

A inobservância dos direitos estabelecidos nessa lei ensejará o ajuizamento de ação civil pública pelos legitimados.

Capítulo III

DEFESA DOS TITULARES DE VALORES MOBILIÁRIOS E INVESTIDORES NO MERCADO

A Lei n. 7.913/89 trata da defesa, pelo Ministério Público, dos interesses transindividuais dos investidores no mercado de valores mobiliários.

O art. 1º da lei atribui ao *Parquet* a legitimidade para, de ofício ou a requerimento da Comissão de Valores Mobiliários, tomar as medidas judiciais que sejam necessárias para evitar prejuízos ou obter ressarcimento dos danos causados aos titulares de valores mobiliários, em especial quando decorrerem de:

"I – operação fraudulenta, prática não equitativa, manipulação de preços ou criação de condições artificiais de procura, oferta ou preço de valores mobiliários;

II – compra ou venda de valores mobiliários, por parte dos administradores e acionistas controladores de companhia aberta, utilizando-se de informação relevante, ainda não divulgada para conhecimento do mercado ou a mesma operação realizada por quem a detenha em razão de sua profissão ou função, ou por quem quer que a tenha obtido por intermédio dessas pessoas;

III – omissão de informação relevante por parte de quem estava obrigado a divulgá-la, bem como sua prestação de forma incompleta, falsa ou tendenciosa".

O procedimento da ação civil pública para a defesa dos investidores é o da Lei n. 7.347/85, no que couber.

Uma peculiaridade da ação é que, de acordo com o art. 2º da Lei n. 7.913/89, "as importâncias decorrentes da condenação, na ação de que trata esta Lei, reverterão aos investidores lesados, na proporção de seu prejuízo". Essas importâncias ficarão depositadas em conta remunerada, à disposição do juízo, até que o investidor, convocado mediante edital, habilite-se ao recebimento da parcela que lhe couber. Mas há um prazo para que a habilitação ocorra: "Decairá do direito à habilitação o investidor que não o exercer no prazo de dois anos, contado da publicação do edital a que alude o parágrafo anterior, devendo a quantia correspondente ser recolhida ao Fundo a que se refere o art. 13 da Lei n. 7.347, de 24 de julho de 1985" (art. 2º, § 2º).

A ação civil pública que visa à reparação dos danos dos investidores tem por objeto interesses individuais homogêneos, e a ela deve aplicar-se a regra geral de legitimidade do *Parquet*, expressa resumidamente na Súmula 7 do Conselho Superior do Ministério Público de São Paulo: é preciso que tais interesses tenham expressão para a coletividade, seja pela extraordinária dispersão dos lesados, seja por conveniência da coletividade, e pela necessidade de zelo pelo funcionamento do sistema econômico, social e jurídico. Ausentes esses pressupostos, os lesados deverão requerer indenização em ações individuais.

Capítulo IV

DEFESA DA CRIANÇA E DO ADOLESCENTE

A Lei n. 8.069/90 trata das ações de responsabilidade por ofensa aos direitos assegurados à criança e ao adolescente. O art. 208 do Estatuto da Criança e do Adolescente enumera, em rol meramente exemplificativo, os direitos e garantias que devem ser respeitados, sob pena de ajuizamento de ação civil pública.

Não há grandes diferenças entre a ação coletiva ajuizada no âmbito dos direitos da criança e do adolescente e a regulada pela Lei da Ação Civil Pública. Há, porém, uma, que é essencial: a possibilidade de ajuizamento de ação civil pública pelo Ministério Público, para a defesa de interesses individuais das crianças e adolescentes, desde que indisponíveis. O Estatuto da Criança e do Adolescente considera que, quando há desrespeito a essa espécie de direito, embora a ofensa possa atingir diretamente uma criança ou um adolescente determinado, o prejuízo é de toda a coletividade, cabendo-lhe a defesa. Não haverá legitimidade do Ministério Público para ajuizar ação individual em defesa de interesse disponível, porque isso fugiria aos atributos constitucionais da instituição. Não pode, por exemplo, o promotor de Justiça ajuizar ação de cobrança de uma dívida cujo credor seja o menor. Mas pode fazê-lo para obter vaga em escola, assegurando-lhe o direito à educação.

Embora o art. 201 do Estatuto da Criança e do Adolescente faça referência apenas aos interesses difusos, coletivos e individuais como objeto de proteção, pelo Ministério Público, no âmbito da infância e juventude, é preciso incluir também os individuais homogêneos, que só não foram expressamente mencionados porque introduzidos posteriormente pelo Código de Defesa do Consumidor (Lei n. 8.078/90).

Uma peculiaridade importante é a relacionada à competência. O art. 209 do Estatuto da Criança e do Adolescente estabelece que as ações devem ser propostas no "foro do local onde ocorreu ou deva ocorrer a ação ou omissão, cujo juízo terá competência absoluta para processar a causa, ressalvadas a competência da Justiça Federal e a competência originária dos Tribunais Superiores".

As ações correrão na Vara de Infância e Juventude. Não se observa, dada a existência de norma específica, a regra geral de competência, que manda que as ações civis públicas sejam aforadas no local em que ocorreu o dano.

A legitimidade para a propositura da demanda é a comum, com uma ressalva: não se permite o ajuizamento da ação por autarquias, empresas públicas e fundações.

O art. 210 do Estatuto da Criança e do Adolescente atribui legitimidade concorrente e disjuntiva ao Ministério Público, à União, aos Estados, Municípios e ao Distrito Federal e às associações legalmente constituídas há pelo menos um ano, e que incluam entre seus fins institucionais a defesa dos interesses e direitos de que cuida a Lei, dispensada a autorização da assembleia, se houver prévia autorização estatutária. O produto da condenação do causador do dano, nas ações civis públicas que versem sobre interesses difusos e coletivos de crianças e adolescentes, será destinado ao Fundo Nacional para a Criança e o Adolescente, instituído pela Lei n. 8.242/91 (art. 6º). Trata-se de fundo específico, diferente daquele genérico, mencionado pela Lei n. 7.347/85.

Quadro sinótico – ECA (Lei n. 8.069/90)

– Art. 208: direitos e garantias que devem ser respeitados sob pena de ajuizamento de ACP.

– Há a possibilidade de ajuizamento de ACP pelo MP para defesa de interesses individuais das crianças e adolescentes, desde que indisponíveis.

– A competência para o julgamento das ações civis públicas que versem sobre interesses de crianças e adolescentes é da Vara da Infância e Juventude do local onde ocorreu a ação ou omissão.

– Legitimidade concorrente e disjuntiva ao Ministério Público, à União, aos Estados, Municípios e ao Distrito Federal e às associações legalmente constituídas há pelo menos um ano.

Capítulo V

DEFESA DA ORDEM URBANÍSTICA

A Constituição Federal de 1988 instituiu uma política de desenvolvimento urbano a ser executada de acordo com diretrizes estabelecidas em lei (art. 182), com o objetivo de ordenar o pleno desenvolvimento das funções sociais da cidade e garantir o bem-estar de seus habitantes.

A Lei n. 10.257/2001, que foi denominada Estatuto da Cidade, regulamentou os dispositivos constitucionais (arts. 182 e 183 da CF), estabelecendo as diretrizes gerais da política urbana. De acordo com o parágrafo único do art. 1º, o Estatuto da Cidade "estabelece normas de ordem pública e interesse social que regulam o uso da propriedade urbana em prol do bem coletivo, da segurança e do bem-estar dos cidadãos, bem como do equilíbrio ambiental". O art. 2º do Estatuto estabelece quais são as diretrizes gerais a serem observadas pela política urbana.

Na sequência, depois de enumerar os instrumentos da política urbana, o Estatuto trata especificamente de alguns deles, como o parcelamento compulsório, a desapropriação, a usucapião, o direito de superfície, o direito de preempção, a outorga onerosa de títulos, as operações urbanas consorciadas, a transferência do direito de construir e o estudo de impacto de vizinhança.

A Lei n. 10.257/2001 acrescentou aos arts. 1º e 4º da Lei da Ação Civil Pública a possibilidade de ajuizamento de ações civis públicas e ações cautelares, a elas relacionadas, para a defesa da ordem urbanística. Como isso foi feito por acréscimo, fica evidenciado que o ajuizamento poderá ser feito quando houver ofensa ou ameaça a direito transindividual na esfera urbanística. Embora a Lei da Ação Civil Pública mencione apenas interesses difusos e coletivos, não haverá óbice para a defesa dos individuais homogêneos, por força do sistema de intercâmbio mútuo que há com o Código de Defesa do Consumidor.

Os legitimados são os mesmos que para as demais ações civis públicas, e o procedimento é idêntico.

Quadro sinótico – Estatuto da Cidade (Lei n. 10.257/2001)

Estabelece normas de ordem pública e interesse social que regulam o uso da propriedade urbana em prol do bem coletivo, da segurança e do bem-estar dos cidadãos, bem como do equilíbrio ambiental.

Capítulo VI

DEFESA DOS INTERESSES DOS IDOSOS

O Título VIII da Constituição Federal, que trata da ordem social, cuida, em capítulo próprio (VII), da "família, da criança, do adolescente e do idoso". A Lei n. 8.069/90 regulamentou os direitos e o sistema de proteção da criança e do adolescente. Restava o idoso, cujos direitos foram genericamente resguardados no art. 230, *caput*, da Constituição Federal: "A família, a sociedade e o Estado têm o dever de amparar as pessoas idosas, assegurando sua participação na comunidade, defendendo sua dignidade e bem-estar e garantindo-lhes o direito à vida".

Duas foram as leis editadas que se relacionam diretamente à proteção do idoso: a Lei n. 8.842/94 e a Lei n. 10.741/2003, esta denominada Estatuto do Idoso. A primeira tinha por finalidade instituir uma política nacional do idoso, e a segunda, estabelecer um sistema de proteção integral.

A Lei n. 8.842/94 estabelece que: "A política nacional do idoso tem por objetivo assegurar os direitos sociais do idoso, criando condições para promover sua autonomia, integração e participação efetiva na sociedade". Em seguida, trata dos princípios que regem essa política nacional e as suas diretrizes. Foi considerado idoso todo aquele que completou 60 anos de idade.

A Lei n. 10.741/2003, que instituiu o Estatuto do Idoso, manteve em 60 anos essa idade. O art. 2º prevê que: "O idoso goza de todos os direitos fundamentais inerentes à pessoa humana, sem prejuízo da proteção integral de que trata esta Lei, assegurando-se-lhe, por lei ou por outros meios, todas as oportunidades e facilidades, para preservação de sua saúde física e mental e seu aperfeiçoamento moral, intelectual, espiritual e social, em condições de liberdade e dignidade".

O art. 3º estabelece numerosas garantias ao idoso, que devem ser asseguradas em caráter prioritário.

Em seguida, a lei trata dos direitos e garantias dos idosos e das sanções a que se submetem aqueles que as desrespeitam.

Em capítulo próprio, regula-se a atuação do Ministério Público na defesa dos interesses dos idosos. Estabelece o art. 74, I, que lhe compete: "Instaurar o inquérito civil e a ação civil pública para a proteção dos direitos e interesses difusos ou coletivos, individuais indisponíveis e individuais homogêneos do idoso".

Ocorre o mesmo que no Estatuto da Criança e do Adolescente: é atribuída legitimidade para que o Ministério Público defenda não apenas interesses transindividuais dos idosos, mas também interesses individuais, desde que indisponíveis, uma vez que a violação de um direito dessa natureza prejudica toda a coletividade, embora atinja diretamente apenas um idoso.

Nas causas que não forem ajuizadas pelo promotor de Justiça, e que versarem sobre os direitos e interesses mencionados, ele intervirá na condição de fiscal de ordem jurídica.

O art. 79 da Lei enumera quais interesses dos idosos devem ser objeto de proteção, cujo desrespeito pode ensejar o ajuizamento de ação coletiva ou individual. São os referentes à omissão ou ao oferecimento insatisfatório de: "I – acesso às ações e serviços de saúde; II – atendimento especializado ao idoso portador de deficiência ou com limitação incapacitante; III – atendimento especializado ao idoso portador de doença infectocontagiosa; IV – serviço de assistência social visando ao amparo do idoso".

Esse rol não é taxativo, pois o parágrafo único do art. 79 não exclui da proteção judicial outros interesses difusos, coletivos, individuais indisponíveis e homogêneos.

A competência para processar e julgar as ações é a do domicílio do idoso, salvo as causas de competência da Justiça Federal (art. 109 da CF) e as de competência originária dos Tribunais Superiores. Foge-se à regra geral de competência da Lei da Ação Civil Pública, que estabelece a do local do dano. Trata-se de regra de competência absoluta.

Há uma ligeira peculiaridade sobre os legitimados para o ajuizamento da ação civil pública para defesa dos interesses de idosos, que é a seguinte: continuam legitimados o Ministério Público, a União, os Estados, o Distrito Federal e os Municípios, e as associações constituídas há mais de um ano que tenham entre seus fins institucionais a defesa dos interesses e direitos da pessoa idosa, dispensada a autorização assemblear, se houver prévia autorização estatutária. Acrescenta-se, como legitimado, a Ordem dos Advogados do Brasil. Não se atribui, porém, legitimidade às entidades autárquicas nem às empresas públicas, fundações ou sociedades de economia mista.

No mais, a ação civil pública para a defesa dos interesses da pessoa idosa segue as mesmas regras das demais. Em caso de condenação, nas ações que versem sobre interesses difusos e coletivos, ou naquelas para a defesa de interesses individuais homogêneos, quando, depois de um ano, não apareçam interessados em número compatível com a dimensão do dano, o produto reverterá para o Fundo do Idoso e, onde ele não existir, para o Fundo Municipal de Assistência Social, ficando, nesse caso, vinculado ao atendimento do idoso.

Quadro sinótico – Estatuto do Idoso (Lei n. 10.741/2003)

As ações serão ajuizadas no local em que ele tiver domicílio, salvo competência da Justiça Federal ou dos Tribunais Superiores.

Legitimados: Ministério Público, a União, os Estados, o Distrito Federal e os Municípios, as associações constituídas há mais de um ano que tenham entre seus fins institucionais a defesa dos interesses e direitos da pessoa idosa, dispensada a autorização assemblear, se houver prévia autorização estatutária, e a Ordem dos Advogados do Brasil.

Capítulo VII

DEFESA DA ORDEM ECONÔMICA E DA ECONOMIA POPULAR

A Lei n. 12.529/2011 estabelece regras de prevenção e repressão às infrações contra a ordem econômica.

Sua função principal é fazer observar os princípios constitucionais da livre-iniciativa, da livre concorrência, da função social da propriedade, da defesa dos consumidores e da repressão ao abuso do poder econômico.

Os direitos que ela visa tutelar não são individuais, mas de toda a coletividade: são transindividuais.

As regras de ordem econômica por ela estabelecidas dirigem-se às pessoas físicas ou jurídicas, de direito público ou privado, e às associações ou entidades de pessoas, constituídas de fato ou de direito, ainda que temporariamente, com ou sem personalidade jurídica, mesmo que exerçam atividade sob regime de monopólio legal (art. 31 da Lei n. 12.529/2011).

Os delitos perpetrados contra a ordem econômica implicarão a responsabilidade solidária da empresa e de seus dirigentes ou administradores.

Também há responsabilidade solidária das empresas ou entidades integrantes do grupo econômico, de fato ou de direito, que praticaram a infração à ordem econômica.

Pode haver desconsideração da personalidade jurídica do responsável pela infração, quando houver da parte dele abuso de direito, excesso de poder, infração da lei, fato ou ato ilícito ou violação dos estatutos ou contrato social. Também em caso de falência, insolvência, encerramento ou inatividade da pessoa jurídica, que tenham sido provocados por má administração.

Diante da natureza dos interesses tutelados pela lei, a ação civil pública será a adequada para a responsabilização daqueles que causaram danos por esse tipo de infração. O art. 36 da Lei n. 12.529/2011 enumera quais os atos que são considerados infração administrativa, estabelecendo que eles sejam apurados por meio de processo administrativo, julgado pelo Conselho Administrativo de Defesa Econômica – CADE, autarquia federal.

O Procurador-Geral da República, depois de ouvir o Conselho Superior, fará a designação de membro do Ministério Público Federal para emitir parecer nos processos sujeitos à apreciação do CADE. Junto a este funcionará uma Procuradoria Federal Especializada, que terá as atribuições enumeradas no art. 15 da Lei n. 12.529/2011 e à qual competirá promover a execução judicial das decisões da Superintendência-Geral e do Tribunal, na forma do parágrafo único desse dispositivo.

O art. 47 da Lei n. 12.529/2011 estabelece que os prejudicados por infração à ordem econômica, por si ou pelos legitimados do art. 82 do Código de Defesa do Consumidor, poderão ingressar em juízo para, em defesa de seus interesses individuais ou individuais homogêneos, obter a cessação das infrações, bem como buscar indenização pelas perdas e danos sofridos, independentemente do processo administrativo, que não será suspenso em virtude do ajuizamento de ação.

Quadro sinótico – Defesa da ordem econômica e da economia popular (Lei n. 12.529/2011)

– Princípios constitucionais da livre-iniciativa, da livre concorrência, da função social da propriedade, da defesa dos consumidores e da repressão ao abuso do poder econômico.

– Os delitos perpetrados contra a ordem econômica implicarão a responsabilidade solidária da empresa e de seus dirigentes ou administradores.

– Responsabilidade solidária entre empresas ou entidades integrantes do grupo econômico, de fato ou de direito, que praticaram a infração à ordem econômica.

– Possibilidade de desconsideração da personalidade jurídica da empresa.